科技创新驱动我国产业转型升级发展研究

刘永焕 著

北京工业大学出版社

图书在版编目（CIP）数据

科技创新驱动我国产业转型升级发展研究 / 刘永焕著．— 北京：北京工业大学出版社，2020.7（2021.11 重印）
ISBN 978-7-5639-7553-2

Ⅰ．①科… Ⅱ．①刘… Ⅲ．①技术革新－作用－产业结构升级－研究－中国 Ⅳ．① F269.24

中国版本图书馆 CIP 数据核字（2020）第 122800 号

科技创新驱动我国产业转型升级发展研究
KEJI CHUANGXIN QUDONG WOGUO CHANYE ZHUANXING SHENGJI FAZHAN YANJIU

| 著　　者：刘永焕
| 责任编辑：邓梅菡
| 封面设计：点墨轩阁
| 出版发行：北京工业大学出版社
| 　　　　　（北京市朝阳区平乐园 100 号　邮编：100124）
| 　　　　　010-67391722（传真）　bgdcbs@sina.com
| 经销单位：全国各地新华书店
| 承印单位：三河市腾飞印务有限公司
| 开　　本：710 毫米 ×1000 毫米　1/16
| 印　　张：12
| 字　　数：240 千字
| 版　　次：2020 年 7 月第 1 版
| 印　　次：2021 年 11 月第 2 次印刷
| 标准书号：ISBN 978-7-5639-7553-2
| 定　　价：45.00 元

版权所有　翻印必究

（如发现印装质量问题，请寄本社发行部调换 010-67391106）

作者简介

刘永焕，河南省漯河市人，经济学硕士，现任教于郑州工程技术学院经济贸易学院。出版教材5部，在《科学管理研究》等期刊上发表文章多篇；参与完成国家社科基金项目1项，主持完成省厅级科研课题10余项，参与省厅级项目多项。

前　言

科技创新包括科学创新和技术创新，产业转型最终归于结构转型和组织转型。科技创新通过"科技供给""市场需求拉动"以及企业组织重构，促进产业转型；产业转型通过创造需求，拉动科技创新。随着中国经济发展进入新阶段，科技创新变得至关重要，仅仅依靠固定资产投资已经很难实现曾经的辉煌，中国要保持经济发展，就必须依靠知识的力量来大幅度提高生产率。可喜的是，中国拥有不少享受科技发展益处的好机会。一方面，全球技术开发能力在不断提高；另一方面，技术传播的障碍又在不断减少。同时，作为一个规模庞大、发展迅速的经济体，中国还能借助大众创业的力量进行自主技术开发，为世界经济发展做出贡献。

本书共七章。第一章为绪论，主要阐述产业结构的理论基础、创新驱动产业转型升级等内容；第二章为我国的产业发展与转型升级，主要阐述我国经济与产业发展的总体态势、我国产业结构转型升级的历史与现实依据等内容；第三章为科技创新与我国产业转型升级，主要阐述科技创新概述、科技创新驱动产业转型升级等内容；第四章为科技创新驱动现代产业体系建设，主要阐述现代产业体系概述等内容；第五章为科技创新驱动战略性新兴产业建设，主要阐述战略性新兴产业概述、特性与意义，科技创新与战略性新兴产业建设，我国战略性新兴产业建设的现状等内容；第六章为产业转型升级与科技园区建设，主要阐述科技园区概述、科技园区与科技创新孵化等内容；第七章为农村第一、二、三产业融合的实现，主要阐述我国农业发展的现状与产业结构升级、产业融合的理论基础等内容。

为了确保研究内容的丰富性和多样性，作者在写作过程中参考了大量理论与研究文献，在此向涉及的专家学者表示衷心的感谢。

最后，限于作者水平不足，加之时间仓促，本书难免存在一些疏漏之处，在此恳请读者朋友批评指正。

目 录

第一章 绪 论 ... 1
第一节 产业结构的理论基础 ... 1
第二节 创新驱动产业转型升级 ... 12
第三节 科技创新驱动产业转型升级的研究综述 ... 27

第二章 我国的产业发展与转型升级 ... 31
第一节 我国经济与产业发展的总体态势 ... 31
第二节 我国产业结构转型升级的历史与现实依据 ... 38
第三节 国外产业转型升级的经验借鉴 ... 41
第四节 河南省传统产业发展现状与产业转型升级分析 ... 45
第五节 传统产业发展转型的路径选择 ... 60

第三章 科技创新与我国产业转型升级 ... 63
第一节 科技创新概述 ... 63
第二节 科技创新驱动产业转型升级 ... 72
第三节 国内外关于科技创新的政策 ... 74
第四节 科技创新驱动产业转型升级的政策性建议 ... 81

第四章 科技创新驱动现代产业体系建设 ... 89
第一节 现代产业体系概述 ... 89
第二节 现代产业体系建设的现状与问题分析——以郑州市为例 ... 101
第三节 依靠科技创新推动现代产业体系建设 ... 106

第五章 科技创新驱动战略性新兴产业建设 111
第一节 战略性新兴产业概述、特性与意义 111
第二节 科技创新与战略性新兴产业建设 118
第三节 我国战略性新兴产业建设的现状 123
第四节 我国战略性新兴产业发展的思路 134

第六章 产业转型升级与科技园区建设 141
第一节 科技园区概述 141
第二节 科技园区与科技创新孵化 149
第三节 科技园区的发展与人力资本 159

第七章 农村第一、二、三产业融合的实现 165
第一节 我国农业发展的现状与产业结构升级 165
第二节 产业融合的理论基础 168
第三节 农村第一、二、三产业融合 171
第四节 乡村振兴战略 174
第五节 农村第一、二、三产业融合的实现机制 180

参考文献 183

第一章 绪 论

随着中国经济发展进入新阶段，科技创新变得至关重要。仅仅依靠固定资产投资已经很难实现曾经的辉煌，中国要维持经济发展，就必须依靠知识的力量来大幅度提高生产率。在社会经济呈现出高速发展态势的社会背景下，借助科技创新的力量推动产业转型升级是促进我国社会经济稳定发展的重要手段。本章分为产业结构的理论基础、创新驱动产业转型升级、科技创新驱动产业转型升级的研究综述三部分。本章主要包括产业结构的概念、产业结构的影响因素、转型升级概述等内容。

第一节 产业结构的理论基础

一、产业结构的概念

产业结构指的是，一个国家或地区在生产过程中的产业组成状况，也就是不同的资源在不同产业间的配置状况。产业发展水平指的是，各产业在整个市场中所占的比重，以及各个产业间所存在的经济技术联系，也就是市场中各产业间所存在的一种相互作用、相互依存的生产方式。

在对一个国家的产业结构进行研究时，可以从"质"和"量"两方面分别入手。在从"质"的方面对产业结构进行分析时，实际上运用的就是狭义的产业结构理论，其可以揭示出各产业之间技术经济联系与联系方式不断发生变化的一种动态缓变趋势，说明在一个国家经济不断发展的过程中，其主导产业在不断发生着变化，需要进行多次更替，并在此过程中为国家带来巨大的效益。如果从"量"的方面对产业结构进行分析，实际上运用的就是产业关联理论。其可以揭示出在一定时期内产业间的联系与联系方式的技术经济数量间的一种静态比例关系。由此可以表现出各产业"投入"与"产出"之间所存在的一种比

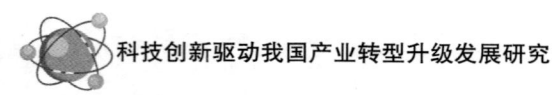

例关系。应当明确的是，狭义的产业结构理论和产业关联理论共同组成了广义的产业结构理论。

需要注意的是，在对产业结构进行研究的过程中，所谓的产业结构理论通常指的都是狭义的产业结构理论，这样就可以将其与产业关联理论进行有效的区分，以防止出现概念混淆的情况。

二、产业结构理论的内容

产业结构理论指的是各产业之间存在的相互联系及联系方式，其主要是从经济发展和产业发展的角度来对产业间的资源占有关系进行研究的，以此来揭示产业间技术联系和联系方式不断发展变化的趋势。从产业结构理论的定义中可以看出，产业结构理论研究的主要内容就是产业结构的演进规律，如产业结构变化的高度化和发展的合理化等，其为政府制定恰当、有效的产业结构政策提供了重要的理论依据。这不仅有助于实现我国国内产业结构的优化升级，对提高我国的综合实力也具有重要的意义。

产业结构理论是一个极为庞大的概念，从广义角度来看，产业集群、产业关联和产业布局也应包含在内。产业集群指的是以某一特定产业中的大量企业及相关企业高度集群作为标志的，企业、行业协会、金融机构、职业培训和科研机构、地方政府之间相互作用的空间集合。产业关联是产业结构理论的一项重要组成部分，其研究的主要方向是企业间投入与产出之间的关系，其对产业之间质和量的关系有更为深入的研究，这是其与狭义的产业结构理论主要的不同之处。产业布局指的是，产业在一个国家或是一个区域范围内的空间分布和组合。对产业布局进行深入研究，有助于我们对不同区域间的产业发展政策进行合理地协调，促进产业经济不断发展壮大。

三、产业结构的分类

由于各个国家的产业经济发展情况及程度有很大的不同，并且在国民经济发展的不同时期各产业之间所存在的关系也是不同的，因此各国的产业结构就会呈现出不同的发展状况。根据产业结构不同的发展状况，就可以将产业结构分为不同的类型。

（一）协调型和失衡型结构

根据各产业之间数量的不同比例，可以将产业结构分为协调型结构和失衡型结构两种不同的类型。

1. 协调型结构

协调型结构又可以叫作均衡型结构,指的是各产业之间的数量较为合理,最后的投入与产出较为均衡,没有出现过剩或是短缺的现象,有利于国民经济协调发展的一种产业结构。

2. 失衡型结构

失衡型结构又被称为畸形结构,指的是各产业之间的数量出现了失衡现象,投入与产出之间也不协调,某些产品出现了过剩或是短缺的情况,不利于国民经济的进一步发展的产业结构。

(二)金字塔型、鼓型、哑铃型和倒金字塔型结构

农业、工业和服务业是我国的三大产业。根据产业在国民经济中所占的不同比重以及其所占据的地位不同,可以将产业结构分为金字塔型、鼓型、哑铃型和倒金字塔型结构四种不同的类型。

1. 金字塔型结构

金字塔型结构通常是农业社会或农业国家的标准产业结构。金字塔型结构,指的是第一产业在国民经济中所占的比重最大,具有最为关键的战略性意义,而工业和服务业所占的比重相对较小。该产业结构类型是一种以第一产业为主的产业结构,其工业生产主要是手工业。

2. 鼓型结构

鼓型结构一般是工业社会或工业国家的标准产业结构。鼓型结构,指的是在国民经济中,第二产业所占的比重最大,而第一和第三产业所占的比重则相对较小,这是一种以制造业为主的产业结构。根据每个国家实际经济情况的不同,又可以将鼓型结构分为两种不同的情况。第一种情况是,处于工业化前期的结构,虽然工业的比重最大,但是第一产业的比重要大于第三产业;第二种情况是处于工业化后期的结构,工业在国民经济中所占的比重仍然最大,但是第三产业的比重已经超过了第一产业的比重。

3. 哑铃型结构

哑铃型结构是部分发展中国家或地区在特定的条件下所形成的产业结构。哑铃型结构,指的是第一和第三产业在国民经济中所占的比重较大,而第二产业所占的比重较小的产业结构。根据国家经济发展情况的不同,哑铃型结构也可以分为两种不同的情况。第一种情况是,第一产业在国民经济中所占的比重

要大于第三产业的结构；第二种情况是，第一产业在国民经济中所占的比重要小于第三产业的结构。

4. 倒金字塔型结构

倒金字塔型结构通常会存在于后工业社会或发达的工业化国家之中。倒金字塔型结构，指的是在三大产业中，第三产业在国民经济中占最大的比重，其后依次为第二产业和第一产业，是一种以服务业为主的产业结构。

（三）初级、中级和高级结构

根据各国产业发展程度、技术水平、生产要素密集度、加工程度和附加值大小的不同，可以将产业结构分为初级结构、中级结构、高级结构三个不同的结构类型。所谓产业结构的高度化或高级化，主要指的是一个国家或地区的产业结构由初级逐渐向中级和高级发展的过程。

1. 初级结构

初级结构是一种经济发展水平较低的产业结构。初级结构指的是，以第一产业和以技术落后产业、劳动密集型产业、加工度比较低和附加值比较小的产业为主的产业结构。

2. 中级结构

中级结构是一种经济发展水平较高的产业结构。中级结构指的是，以第二产业和以技术水平较高产业、资本密集型产业、加工度比较高和附加值比较大的产业为主的产业结构。

3. 高级结构

高级结构是一种经济发展水平较高的产业结构。高级结构指的是，以第三产业和以高新技术产业、技术密集型产业、高加工度和高附加值的产业为主的产业结构。

（四）重型、轻型和以农为主型结构

国家物质生产部门将产业划分为农业、轻工业和重工业三种不同的类型，根据这三种产业在国民经济中所占地位的不同，可以将产业结构分为重型结构、轻型结构、以农为主型结构三种不同的产业结构类型。

1. 重型结构

重型结构指的是，以重工业为主的产业结构，这是处于工业化中、后期的大部分国家或是片面强调发展重工业的国家所形成的产业结构。

2. 轻型结构

轻型结构指的是，以轻工业为主的产业结构，通常处于工业化初期的国家会形成这种产业结构。

3. 以农为主型结构

以农业为主型结构指的是，没有实现工业化的国家的产业结构。

根据一定的标准，我们又可以将重型结构分为两种不同的类型：第一种是主要存在于重工业化前期的产业结构，是一种以原材料、燃料、动力、交通运输、基础设施等基础工业为重心的重型结构；第二种是主要存在于重工业化后期的产业结构，是一种以高加工度制造业为重心的重型结构。

四、产业结构的影响因素

（一）需求因素

不断满足人们的需求是社会生产的最终目的，因此需求因素的变化也是影响产业结构发生改变的一个重要因素。人们的实际需求情况会受到人口的数量、结构，社会经济发展状况，人均收入水平等多种因素的影响。

例如，在人们收入有限而不能满足其所有层次的需求时，人们就会将有限的收入投入那些能够满足其生存需要的产业之中；在人们的收入较高时，人们自然会在其生存需求满足之后，转而将其收入拿去购买那些更高层次的产品。因此，人们需求结构的不同也会对其生产结构的发展产生影响。

1. 需求总量

从人们的需求总量上来看，需求总量的大小会直接影响产业结构规模的大小，也就是构成产业结构的产业数量的多少及其规模的大小。如果一个国家和地区的需求总量较小，那么其所要求提供的产品和服务就会相应减少，与此相应的产业总体规模就会变小；反之，产业规模会变大。由于人们的需求总量会受到人口数量、经济发展状况、人均收入水平、物价总水平和投资总量等多方面因素的影响，因此，这些要素的变化也会导致相应产业结构发生变化。如果一个国家和地区的经济发展速度加快，人口数量持续增加，人们的收入水平不断提高，企业的投资规模也不断扩大，那么人们的需求总量也会不断增加，国家和地区的产业结构也会逐渐改变。

2. 需求结构

从人们的需求结构上来看，其变化会对产业结构的变化产生直接的影响。

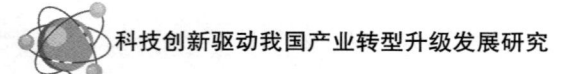

（1）个人消费结构

个人消费结构是需求结构的一部分，其对产业结构变动所产生的影响是最大的。有研究表明，最优的经济增长率实际上就是最优的消费增长率。其原因是，个人的消费结构不仅会对最终产品的生产结构和生产规模产生直接的影响，也会对中间产品的需求产生间接的影响，从而使中间产品的产业结构产生变化。随着经济的不断发展，人们的收入水平不断提高，人们的需求总量就会不断增加，进而导致人们的消费结构发生改变，使得人们消费物品的档次更高，个人需求也更加倾向于多样化和多层次化。由此，多层次的消费需求结构就会对多层次的产业结构产生拉动作用。

（2）人口的增加和人均收入水平的变化

一个国家和地区的人均收入水平提高，那么就会带动该国需求总量的增加，而需求总量的变化又会带动该国和地区产业结构的变化。对于许多国家来说，一般都是人口越多的国家的消费需求就越大，但是对于那些较为贫困的国家和地区来说不是这样，人口越多反而会降低该国的人均国民收入水平，给该国产业结构高度化的发展造成阻碍。对于发达国家来说，由于它们的经济发展水平已经很高，平均国民收入水平也很高，因此它们的产业结构通常已经进入了高度化的阶段。由此看来，人均收入水平的变化也会对产业结构的改变产生重要的影响。

（3）中间需求和最终需求的比例

所谓的中间需求实际上指的就是人们对中间商品的需求；而中间产品又指的是还不能直接投入市场，需要再次进行生产加工，并且在生产过程中能够一次性转移其全部价值的产品，如原材料和零部件等。中间产品的需求结构会对生产中间产品的产业内部结构产生决定性的作用。最终需求指的是，对最终产品的需求，而最终产品指的是，可以直接投入市场，不再需要对其加工和生产，可以供人们直接使用和消费的产品。人们对最终产品的需求也会对生产该产品企业的内部结构产生决定性作用。由此可见，中间需求和最终需求之间的比例变动也会造成该国家和地区产业结构的变化。对中间需求与最终需求比例产生决定性作用的影响因素，具体说来主要包括以下几个方面。

①生产资源利用率。如果一个企业的生产资源利用率高，那么该企业的最终产品对中间产品消费的需求就会减少；反之，就会增加。

②最终产品的性能和制造技术的复杂程度。如果企业生产一件产品的生产技术较为复杂，那么通常其对中间产品的需求量就大。

③专业化协作水平。一个企业在管理、生产等方面的专业化水平越高，那么通常产出相同的最终产品对中间产品的依赖程度就会越大。

（二）供给因素

对产业结构会产生影响的供给因素主要包括自然条件、资源禀赋、劳动力资源和资本供应状况等。

1. 自然条件和资源禀赋

如果一个国家想拥有较为合理的产业结构，那么其就应该将本国的自然条件和资源禀赋进行更好的发挥，这样才能够利用因地制宜的良好条件，推动国民经济不断向前发展。在这种情况下，本国的自然条件和资源禀赋，如气候、水土、森林、矿产等都会对产业结构的形成产生重要的影响。

①对于那些气候温和、水资源丰富、土地广阔肥沃的国家和地区来说，农业是较为适合其发展的产业，因此在这些国家和地区，通常农业会处于较为重要的地位。

②对于那些自然人文景观较为独特，旅游资源丰富的国家和地区来说，较为适合发展资源开发型的产业，在一定的条件下甚至还可以形成以资源开发型产业为主导的产业结构。例如，世界上重要的石油输出国一般都会形成以石油开采为主导的产业结构。

③对于那些自然资源较为匮乏的国家和地区来说，由于自身条件的限制，因此不可能形成资源开发型的产业，因此其通常都会转为构建以加工制造业、知识密集型产业或是以服务业为主体的产业结构。

需要注意的是，不同国家自然资源的状况对于工业部门发展的影响并不是绝对的，而是相对的。这是因为，随着科学技术的不断进步，国家和地区中所存在的很多原本难以开采的资源可以得到开发，这样就有助于实现资源综合利用，提高资源的使用效率。除此之外，随着国际贸易的不断发展壮大，那些自然资源较为短缺的国家和地区，就可以通过国际贸易的方式从国外买进自身发展所需要的资源，以此缓解自身资源短缺的状况，减少资源短缺对国内产业结构发展所造成的影响。

2. 劳动力资源

对于一个国家和地区的产业结构形成来说，劳动力是其中最为重要的一项影响因素。对于那些新型的产业或是正在发展壮大过程中的产业来说，能够连续不断地为其输送新的劳动力，是产业结构不断向前发展的一个重要条件。

如果劳动力不具有较强的流动性，那么这将对产业结构进一步的发展产生严重的阻碍作用。应当注意的是，劳动力在各产业间的流动，不仅要保证劳动力数量的充足，还要保证劳动力具有较高的质量，即其受教育水平高、学习能力强，具有掌握高技术的能力。

产业结构的形成及影响因素还会受到劳动力资源状况的影响，如劳动力的数量、素质和价格等在发生变化之后，也会对本国的生产结构产生影响。如果一个国家和地区拥有丰富的廉价劳动力，那么劳动密集型产业将是最适合这个国家和地区的产业结构；如果一个国家的劳动力受教育程度普遍较高，并且素质良好，那么知识密集型产业将是最适合这个国家和地区的产业结构；如果一个国家和地区的劳动力价格昂贵，那么资本和技术密集型产业将是最适合这个国家和地区的产业结构。只有各个国家和地区根据自身劳动力实际状况，选择最适合自身发展的产业结构，才能为本国家和本地区创造更大的效益。

3. 资本供应状况

企业在进行扩张和扩大再生产的过程中，资本在其中起到了极为关键的作用。所谓的投资结构，指的就是在不同的产业中投入的资金所构成的比例。当前，造成产业结构发生改变的直接原因就是投资方向的改变。如果企业将投资的主要目标转为市场中出现的新兴产业和消费者群体中出现的新需求，随着新的产业的出现，就会改变原有的产业结构；如果市场中的投资对象只是其中的一部分产业，那么接受投资的产业的发展速度将会明显快于没有接受投资的产业的发展速度，这样也就导致原有产业结构发生改变；如果企业所投资的对象是所有的产业，只是投资的比例不同，那么该国家各产业的发展就会产生不同程度的改变，使得产业结构发生改变。随着现代经济的高速发展，现代化的技术手段也在不断更新，企业生产设备的规模也日益扩大，对于那些高新技术产业和重工业来说，如果没有足够的资金持续支持，那么其想要获得进一步的发展将是一件极为困难的事情。

由此可见，资本积累程度也是造成国家和地区产业结构发生改变的一个重要原因。对于现代企业来说，其运营过程中所使用的资金通常都需要支付一定的股息和利息。这就是所谓的"资本的价格"，也就是获取资本所需要付出的代价。一个国家和地区的产业结构也会受到这种"价格"和劳动力价格，即工资水平之间比较关系的影响。如果一个国家和地区的工资水平较低，那么就比较适合劳动密集型产业的发展；相反，如果一个国家和地区的工资水平较高，那么就会对高新技术产业、重工业等资本有机构成较高产业的发展产生阻碍作用。由于高新技术产业和重工业的发展耗资巨大，因此只有充足的资金支持，才会对这些产业的发展产生巨大的推动作用。如果国家和地区不仅拥有充足的资金，并且资本价格也较为低廉，这将对短板企业的发展产生重要的拉动作用，有利于产业结构进行合理调整。同时，这些国家和地区大力发展资本密集型产业和高新技术产业，也将有利于实现产业结构的合理化和高级化。

（三）科技进步

进入21世纪以来，科技已经成为第一生产力，科学技术的创新会对国家经济的发展产生巨大的推动作用，科学技术的持续进步已经成为推动产业结构调整的一项最主要和最根本的条件。

1. 科技进步对供给结构的影响

①科技进步可以不断提高资源的利用效率，保护自然资源，改善自然环境，不断开发出新的资源，从而形成比较优势，改变当前资源供给的状况。

②企业通过定期开展教育和培训课程，将劳动者用先进的科学知识武装起来，不断提高劳动者的素质和业务水平，从而改善劳动者的供给状况。

由于劳动力的供给会对产业结构的变动产生影响，因此科技进步也就间接改变了生产结构的状况。

2. 科技进步对需求结构的影响

①科技进步可以促使企业开发出更多的新兴产品，促使消费品加快更新换代的速度，从而改变人们的需求结构。

②科技进步可以提高资源利用率，降低产品的损耗，不断开发新的可替代资源，从而使得需求结构发生改变。

③科技进步可以提高产品的质量，降低企业的成本，使得产品的价格要低于市场同类产品的价格，这样就可以生产出受消费者欢迎的物美价廉的商品。这样有利于通过改变产品需求，带动需求结构发生变化，因此科技进步也就间接改变了一个国家和地区的产业结构。

3. 科技进步推动产业结构高度化

科技的不断进步会对一个国家和地区产业结构实现高度化演变具有重要的作用。应当明确的是，产业的技术基础和产业的技术结构都包含在产业结构之中，科技的不断进步会使得产业的技术基础和技术结构发生改变。因此科技的不断进步也就推动了产业结构的高度化发展。

在世界经济发展过程中，由农业经济社会向工业经济社会、知识经济社会

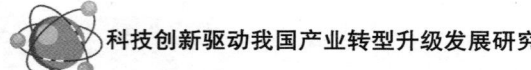

的演进，由以第一产业为主向以第二、三产业为主的演进，由以劳动密集型产业为主向以技术、资本密集型产业为主的演进，其前提必定都是劳动生产率的不断提高和科技的不断进步。

五、产业结构演变的一般趋势

科技的不断发展和市场需求的不断提高，会促使产业间出现发展不平衡的情况，这就使得产业的数量比例、产业的地位以及产业间相互联系的方式也随之发生变化。新型的主导产业最终会取代旧的生产行业，这就会产生新的产业关系方式，企业间的数量比例关系也就会发生变化。这些变化也会使得原有的产业结构发生变化，使其进入一个新的发展阶段。产业结构演变的发展趋势主要体现在以下几方面。

（一）工业化发展的阶段

从一个国家和地区的工业化发展历程来看，其产业结构主要经历了以下四个阶段，三大产业的发展程度是各不相同的，如表1-1所示。

表1-1 工业化发展不同阶段的产业结构演变

工业化发展阶段	产业结构演变
第一阶段：前工业化初期	第一产业产值在国民经济中的比重逐渐缩小，其地位不断下降； 第二产业有较大发展，工业重心从轻工业主导型逐渐转向基础工业主导型，第二产业占主导地位； 第三产业也有一定发展，但在国民经济中的比重还较小
第二阶段：工业化中期	工业重心由基础工业向高加工度工业转变，第二产业仍居第一位，第三产业比重逐渐上升
第三阶段：工业化后期	第二产业在三大产业中占有支配地位，甚至占有绝对支配地位
第四阶段：后工业化阶段	产业知识化成为主要特征

从上表中我们可以看出，从工业化发展的第一阶段到第四阶段产业结构的演进过程。实际上，产业结构是从低级向高级逐步走向高度现代化的，我们从各个发达国家各产业部门所占份额的变动数据中就可以看出这一规律。

在世界产业结构的不断演进过程中，经历了一个从第一产业占优势到第二产业占优势，再到第三产业占优势的发展阶段。我们将产业结构的这一发展过程称为"高服务化"。其发展的具体历程如下。

第一阶段：随着经济的不断发展，工业化程度也不断加深，原来农业经济占主导的地位开始出现变化，工业生产开始上升。

第二阶段：工业生产在国民经济中所占比重大幅上升，在产业结构中占有绝对优势的地位。

第三阶段：进入工业化后期（20世纪中期以后），工业生产开始下降，服务业在国民经济中所占比重逐渐上升，并最终占据主导优势。

（二）主导产业的转换

从产业结构中占主导地位的产业发展来看，每个阶段的主导产业都有所不同，随着社会经济的发展，在不同阶段，产业结构的实际状况如表1-2所示。

表1-2　主导产业转换过程中产业结构的演变

主导产业	产业结构演变
农业	农业比重占有绝对地位，第二、三产业的发展均很有限
轻纺工业	轻工业成为主导产业，重化工业和第三产业的发展速度较慢
重化工业	农业产值比重减小，轻纺工业发展速度逐渐放慢，以原料、燃料、动力等基础设施工业为重心的重化工业成为主导产业
低度加工组装型重化工业	传统型、技术要求不高的机械、钢铁、造船等低度加工组装型重化工业发展速度较快，在国民经济中所占的比重越来越大，并成为主导产业
高度加工组装型工业	
第三产业	新兴产业和高新技术产业仍有较快发展，第三产业成为国民经济的主导产业
信息产业	信息产业成为国民经济的支柱产业和主导产业，这一阶段也被称为后工业化社会或工业化后期阶段

（三）三大产业的内在变动

第一产业、第二产业和第三产业依次是一个国家或地区在一定时期内的主导产业。在三大产业内部，产业结构的演进如表1-3所示。

表 1-3 三大产业内部产业结构的演进

三大产业	产业结构演进
第一产业 （农业）	粗放型—集约型—绿色、生态型 种植型—畜牧型 野外型—工厂型
第二产业 （工业）	轻纺—基础型重化工 劳动密集型—资本密集型—知识（包括技术）密集型 封闭型—进口替代型—出口导向型—市场全球化
第三产业 （服务业）	传统型—多元化—现代型—信息产业—知识产业

（四）可塑性

从一个国家或地区的产业结构演进的历程来看，产业结构在从低级向高级发展的过程中，每一个阶段都必须经过，不能随意跳过，但是每一个阶段所经历的时间却可以有所减少。也就是说，第二产业想要获得发展成为主导产业，就要建立在第一产业发展到一定程度，取得一定成就的基础之上。同理，第三产业要想获得进一步的发展，必须要将第二产业发展的成果作为基础。需要注意的是，虽然产业结构不断向高级方向演进会给当地的经济带来一定的拉动作用，但不可避免的是，这也会对该国和地区的经济发展造成一定的破坏。

第二节 创新驱动产业转型升级

一、创新驱动概述

创新驱动作为一种新的经济发展方式，不同于"生产要素驱动"和"投资驱动"，创新驱动更加强调通过以科技为核心的科技、管理、品牌、组织和商业模式等要素的全面创新，提高劳动、信息知识、技术、管理、资本的效率和效益，提升科技进步对经济增长的贡献度，不断形成新的增长动力源泉，从而推动经济持续健康发展并保持强大的竞争力。

（一）创新驱动的内涵辨析

将"创新"定义为经济发展的驱动力量，是中国特色社会主义理论的创新，这既是对斯密式创新与熊彼特式创新的综合，也是对波兰尼大转型理论的发展。

目前，学术界对创新驱动内在发展规律的研究，主要基于以下三种不同的理性思辨。

1. 科技创新驱动

第一种思辨立足于技术层面，将创新驱动解释为科技创新驱动。这是一种狭义的创新理念，强调创新的硬件支持，认为只有高等院校、科研机构和企业研发技术部门从事科技前沿研究的工作者，才可能带来新知识导引下的科技创新。以施穆克勒、罗森伯格以及弗里曼为代表的科技创新经济学家，提出了科技创新的五种模式：技术推动模式、需求拉动模式，推拉综合作用模式、技术规范—技术轨道范式模式以及社会需求—资源关系模式。杰里米·里夫金在《第三次产业革命》一书中描述了以智能制造、绿色能源与数字服务为主要特征的新产业革命引发的科技创新远景。在这一视角下，创新活动以科技投入与科技产出的方式，反映知识创造和技术应用领域内，受教育者、研发资金、发明专利与新产品销售数量等指标的变动情况，如研发与创新，知识的创造和扩散，科技人力资源，知识与技能，专利、知识的保护和商业化等。

2. 文化创意驱动

第二种思辨立足于创意层面，将创新驱动解释为文化创意驱动。这是发达国家和成熟市场经济国家与城市对创新内涵的解读，强调创新的软件支持与营造。发达国家的城市发展正处于生产高度发达的科技前沿，也都处于服务经济主导的业态结构中，在长期的发展过程中，已经形成了一整套用以激发创新的社会机制与体制。其所面临的问题是如何进一步完善对创新的激励，挖掘对创新主体潜能的开发，以创意维持全球领先地位。

泰勒认为科技创新主体必须拥有明晰的产权制度、良好的市场机制、社会化的服务体系的支持。

兰德利提出企业科技创新包含七大要素，即富有创意的人意志与领导力、人的多样性与智慧获取、开放的组织文化、对本地身份强烈的正面认同感、城市空间与设施、网络机会等。

达尔曼和奥贝尔指出，科技创新体系的构建、科技创新主体作用的发挥、生产价值的实现都需要巨额的资本投入，稳定而充足的资金支持是实现科技创新体系正常运转的基本条件。

霍尔揭示了欧美发达国家之所以在科技创新方面保持领先地位与其激励科技创新的财税体制密切关联。在这一视角下，创新被诠释为包含科技、人才与包容三方面内容，突显出创新中的活力、个性与平等的价值观。

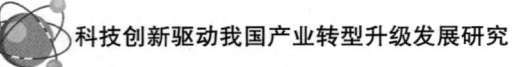

3. 高级形态发展驱动

第三种思辨立足于发展模式层面，将创新驱动解释为一种相对高级形态的发展阶段。这是一种广义的创新理念，符合发展经济学对创新本质属性的界定。继熊彼特揭示了技术创新和经济发展的内在关系之后，罗斯托提出经济成长阶段论，主张根据主导产业部门相更迭的特征，划分从传统社会向现代社会演进的六个阶段，即传统社会阶段、预备起飞阶段、起飞阶段、成熟阶段、高额群众消费阶段以及追求生活质量阶段。其中，创新驱动对应主导产业趋向于服务业的发展阶段，金融业成为经济发展的动力来源。

迈克尔·波特的国家竞争优势理论从要素层面区分了一国经济处于不同发展阶段所倚重的基本动力，即从资源驱动、要素驱动，过渡到创新驱动和财富驱动。在创新驱动时期，经济增长倚重的是创新和知识要素的积累，经济中存在强有力的支持创新的制度与激励。经济增长理论的嬗变同样受到"创新"思想的影响：从以研发和人力资本积累为主要形式的创新，逐渐演化成为研发和知识积累内生的增长模型，从以研发、知识为基础的增长理论发展为以创新、思想为基础的增长理论。

在对发展中国家发展模式的总结方面，世界经济论坛（WEF）提出全球竞争力指数，划分了经济发展依次递进的三个阶段：要素驱动、效率驱动和创新驱动，分别对应三种微观基础，即价格竞争、高效的生产方式、支持创新的制度和激励机制。最新的一些研究聚焦在对全要素生产率的测度上，提出创新驱动同资本驱动的差别在于，资本驱动承认全要素生产率增长和资本增加对促进经济长期增长而言同等重要，但创新驱动则弱化了资本增加的作用，强调只有生产率的增长才具有根本性的增长效应。

（二）创新驱动的界定

经济学家对于创新驱动的界定，有不同的观点：有的认为在经济发展的过程中需要资本、劳动、技术等诸多要素的投入；有的认为在经济发展过程中经济制度有着不可替代的重要作用，因此，经济发展中不可或缺的重要因素首先要包括要素的投入和经济制度。但是，这些观点都没有解决经济发展过程中的两个基本问题：一是生产要素的报酬递减问题；二是稀缺资源的短缺问题。

熊彼特在《经济发展理论》中认为，发展是经济循环轨道的改变，也是对均衡的扰乱和打破。这里所说的"改变""扰乱"和"打破"就是创新。世界管理学大师迈克尔·波特对"二战"后美国、瑞士、德国、日本等国的特定产业发展和参与国际竞争的经济发展过程进行了研究，认为一国产业参与国际竞争的过程大致可分为四个依次递减的阶段：廉价劳动力阶段、自然资源等生产要素驱动——大规模投资阶段、改善技术装备等投资驱动——创新驱动阶段、财富驱动阶段。目前，大多数发达国家已进入创新驱动发展阶段，都把大幅度地增强科技创新能力作为基本战略，将竞争从传统产业转移到新兴工业领域，这些领域都是以高新技术和知识为特征的领域，从而培育起了强大的竞争力。

因此，国际上把那些将科技创新作为基本战略，大幅度增强科技创新能力，形成强大国际竞争优势的国家称为创新型国家。而对于中国而言，实施创新驱动战略，就是要坚持以科技创新为核心的全面创新，坚持以需求为导向的产业化方向，坚持企业在创新中的主体地位，发挥市场在资源配置中的决定性作用和社会主义制度优势，提升科技进步对经济增长的贡献度，形成新的增长动力源泉，推动经济持续健康发展。

（三）创新驱动的基本条件

具体来说，实现创新驱动至少要具备以下几个方面的基本条件。

1. 创新成为促进国家发展的主导战略

当今世界走上了创新驱动发展道路的国家的共同特征是，将科技创新作为促进国家发展的主导战略。美国前总统克林顿执政期间，美国直接提出了"信息高速公路计划"，并提出了美国的国家目标之一是在科学技术方面保持全面领先地位。长期以来，日本一直坚持走"技术立国"之路，但在 20 世纪 90 年代中期后，其明确把"科技创新立国"作为基本国策。

2. 具有强大的创新能力

目前，世界上创新型国家的共同特征有：科技创新能力强，创新综合指数明显高于其他国家，科技进步贡献率在 70% 以上，研究与试验发展投入占国内生产总值（GDP）的比重一般在 2% 以上，对外技术依存度指标一般在 30% 以下。此外，这些国家所获得的三方专利（美国、欧洲和日本授权专利）占世界各国的绝大多数，具有强大的制度组织和管理创新的能力，能够为科技创新提供高效的组织、制度保证。

3. 具备坚实的工业化基础

创新型国家除了拥有强大的科技力量之外，还在于这些国家的工业化早已完成对旧产业结构的调整，整个国民经济体系处在世界前列。这些国家和地区的共同特征是，所有的传统产业都已经升级，或干脆退出，或被替代，产业结构实现了完整的优化和重组。这些国家的制造业表现出微笑曲线的"双驱动"

形态，因而这些国家走上了创新驱动发展之路。创新驱动，同时也是这些国家实现从工业化国家向后工业化国家转变的过程。因此，创新驱动必须在工业化后期阶段，在基本完成工业化的基础上进行。基于我国区域之间经济发展阶段的差异，东部地区应率先推动创新驱动发展。

4. 具备完善的市场机制

依靠创新驱动发展的国家都是市场经济体制比较完善的国家，只有完善的市场经济体制，才能一方面为企业提供不断创新的激励机制，另一方面直接检验创新成功的价值。创新主体只有不断获得创新的回报，才有不断创新的动力。市场经济体制不仅为创新提供激励，更为重要的是为创新提供方向。

5. 具备有利的创新文化环境

一项新技术的诞生、发展和应用，最后到转化为生产力，离不开观念和文化的引导和支持，可以说，观念创新是建设创新型国家的基础。因此，创新型国家注重通过教育制度的改进，培养全民创新文化；通过价值体系的完善，培育有利于创新的文化氛围。

（四）创新驱动的基本特征

创新驱动是以创新作为国家发展基本战略取向，以创新作为经济发展的主要驱动力，以企业作为科技创新主体，同时通过制度、组织和文化创新，积极发挥国家创新体系的作用，不断将经济推向高技术经济活动的轨道，从而使本国处在世界科技创新和经济发展的前端。虽然世界主要国家因为历史文化、经济体制和自然资源禀赋的不同而形成了不同的发展道路，但是在这些国家的创新驱动发展的过程中存在一些共性，这些共性构成了创新驱动不同于生产要素驱动发展和投资驱动发展的基本特征。

1. 创新驱动是由企业家驱动的发展

经济发展是企业家不断开发新产品、引入新的生产方式、开辟新市场、获取新原料和建立新组织结构的一个创造性过程。经济增长来自创新而非科学发现或技术发明。企业家的作用正是选择和测试那些市场上需要的科学发现或技术发明，把它们从科技成果转变成产业创新。因此，创新驱动是以企业家为主体的。

2. 创新驱动是打造产业"先发优势"的发展

依靠创新驱动发展的国家都是积极通过科技创新，在关键产业、支柱产业、主导产业领域实现技术赶超和创新，形成了强大的产业优势，使若干产业在世界上处于领先地位，给经济增长带来强劲的动力，从而带动整个国家竞争力的增强。

3. 创新驱动是"人的智力"的发展

创新驱动强调通过智力资源去开发丰富的、尚待利用的自然资源，逐步取代已经面临枯竭的自然资源，节约并合理利用已开发的自然资源。因而，在创新驱动发展阶段，"人的智力"成为第一生产要素，知识、信息等无形资产成为主要投入要素。

4. 创新驱动是"以人为本"的发展

经济发展，既包括经济量的增长，还包括社会经济结构的转换和人民生活水平的提高及质量的改善。创新驱动发展不仅改变了过去那种以生态破坏和环境污染为代价的经济发展模式，也改变了过去那种以人民生活水平不能得到同步提高为代价的经济发展模式。创新驱动不仅仅是为了 GDP 的增加，不仅仅是为了综合国力的增强，更是为了人民的福祉。

5. 创新驱动是深化改革的发展

实现创新驱动需要以不断破除旧的体制和机制作为保障。因此，充分释放创新驱动的活力，不断增强创新驱动发展的能力，关键在于深化改革，通过在重要领域和关键环节的不懈努力，建立创新驱动发展的新体制、新机制，以构建有利于创新驱动发展的制度环境。

二、转型升级概述

（一）转型升级的界定

1. 转型升级的概念

转型是从一种类型转向另一种类型，是一个平移的过程，通过主动的、自主适应环境的一系列过程来完成转型；而升级是从一个低的层次进入一个更高一级的层次，是一个跃升的过程，通过结构、技术变化的一系列过程来完成升级。概括而言，转型升级是指，在转型过程中，产品类型产生了结构、技术上的变化，或在升级过程中，产品类型发生了转变，是一个转型和升级同时发生的过程。

2. 转型升级的发展内容

转型升级包含两个方面：一是转型；二是升级。转型作为一个基本概念，

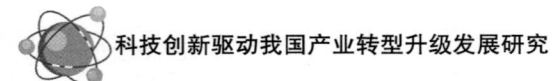

最初应用在数学、医学和语言学领域，之后延伸到社会学和经济学领域，指一种经济运行状态转向另一种经济运行状态。升级则指从较低的级别升到较高的级别。

转型升级包括宏观、中观和微观三个维度。一是经济，经济转型或经济转轨，指一种经济运行状态转向另一种经济运行状态。二是产业，产业转型升级，是从低附加值转向高附加值的升级，从高能耗、高污染转向低能耗、低污染的升级，从粗放型转向集约型的升级。产业结构转型升级中的转型，其核心是转变经济增长的类型，即把高投入、高能耗、高污染、低产出、低质量、低效益转为低投入、低能耗、低污染、高产出、高质量、高效益，把粗放型转为集约型，而不是单纯的转行业。转行业与转型之间没有必然联系，转了行业未必就能转型，要转型未必就要转行业。产业结构转型升级中的升级，既包括产业之间的升级，如在整个产业结构中由第一产业占优势比重逐级向第二、第三产业占优势比重演进；也包括产业内的升级，即某一产业内部的加工和再加工程度逐步向纵深化发展，实现技术集约化，不断提高生产效率。只有正确理解产业结构转型升级的这些内涵，才能在实践中避免出现偏差。三是企业，企业转型是指企业长期经营方向、运营模式及其相应的组织方式、资源配置的整体性转变，是企业重塑竞争优势、提升社会价值、达到新的企业形态的过程。

转型是结构的调整，往往讲的是质变；升级是质量的变革，常常讲的是量变。转型升级整合在一起，构成为了更好地适应宏观经济环境、技术发展需求和市场变化，而做出的主动调整。这既包括产品服务，也包括营销方式、运营体系、财务制度，以及背后技术水平的不断演变。转型升级是一个复杂的系统工程。

3. 转型升级的类型

总结中国改革开放以来企业的转型升级模式，有如下几种类型。

①延伸式转型，企业在发展到一定程度时，在现有业务的基础上进行延伸，以保持业绩的持续成长，满足员工的需要、客户的需要和股东的需要。企业在延伸的过程中可以沿着市场去延伸，也可以沿着技术去延伸。

②聚焦式转型，企业从大而全、小而全，转化为大而专、小而专。专注于做一类产品，打动部分消费者，成为目标消费者心目中的首选，成为某一个细分市场上的领导者，这就是典型的隐形冠军思维。

③兼并式转型，企业有针对性地购买其他优势企业，打造健康的生态链，通过兼并其他企业增强自身的竞争力。

④升级式转型,从低端产品为主转向中高端产品为主。

⑤差异化转型,从大众化产品转向小众化产品。

⑥试错式转型,通过"试验田"来降低整体转型的风险。

⑦断臂式转型,舍弃传统思维、模式、产品,一步到位实现网络化。

⑧平台式转型,构建内部创业平台,充分激发员工的经营潜能,将企业平台化,使之转变为面向市场的开放性组织。

⑨组合式转型,根据企业自身特点与需求,将上述或者更多的形式组合应用,以实现最佳效果。

(二)转型升级的发展脉络

中国企业的转型升级,与中国的经济、产业的转型升级交叉在一起,你中有我,我中有你,相互影响,互为依托。没有必要分清,也不可能分清哪些属于经济、哪些属于产业、哪些属于企业。不过,从中国改革开放以来发展史中可以比较清晰地梳理出大致五个阶段。

1. 第一次转型升级(1978—1991年)

特征:从"大锅饭"向责任制转型、从重工化向轻工化转型。

现象级事件:农村包产到户、工厂承包制、科技是第一生产力、外向型经济、经济疲软、体制改革等。

此时中国处于改革开放初期,转型升级以特定的意义,出现在人们的视野之中。1984年党的十二届三中全会通过《中共中央关于经济体制改革的决定》,明确提出"改革管理体系、扩大企业自主权、改革分配制度、建立现代企业的制度"。这是较早的转型升级的内容,虽然还没有形成清晰、正式的概念,但其内涵、本质已经充分显露。

2. 第二次转型升级(1992—1999年)

特征:从计划经济向市场经济转型、从内贸型向外向型转型。

现象级事件:社会主义市场经济体系确立、股票、全民经商、社会主义初级阶段等。

1992年,邓小平的南方谈话,引发中国改革开放热潮,之后经济发展发生了巨大变化。特别是社会主义市场经济理论的确立,让中国经济百花齐放。票证取消,中国已经从短缺经济进入过剩经济;全民从商的优越感两千年来在中国第一次超越从政、从军、从学;股市狂热,工农商学兵一起追逐资本;个体户、乡镇企业被称为民营经济,成为中国经济的重要补充部分。

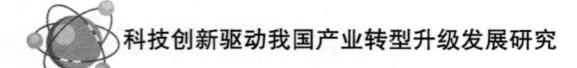

企业开始介入市场竞争，在报纸、电视上打广告，设计 VI（视觉识别系统），做营销，中国经济步入又一个快车道。在这一快车道上，投资、消费、出口成为拉动 GDP 增长的"三驾马车"并驾齐驱，使中国在东亚地区大规模的金融危机中"金鸡独立"。刺激内需，开放房地产市场，中国银行宣布鼓励按揭贷款，使房地产行业迅速成为中国的一个支柱性产业。老百姓要改善住房条件，房地产行业成为中国扩大内需的一个重要支撑。

开放外贸的进出口自主权，允许民营企业做外贸，中国商品凭借成本的低廉迅速走向了全世界。广东、福建、浙江、江苏等地，外贸对其经济增长的贡献率由 15%～20% 增加到 70%～80%，甚至更多。

1996 年的"九五"规划纲要，被认为是首次以正式文件形式提出了实现传统产业转型升级。1996 年党的十四届六中全会文件中，再次着重提出"转型升级"。这一时期，改革管理体系、扩大企业自主权的转型升级，极大地促进了经济、产业和企业自身的改革，中国经济获得高速发展。

3. 第三次转型升级（2000—2012 年）

特征：从工业经济转向知识经济，从"速度"向"效益"转型。

现象级事件：小康社会、非公有制经济、世界贸易组织、创业、风险投资、互联网等。进入新千年，中国开始小康社会建设，进一步确立了非公有制经济的地位。

汽车产业飞速发展，汽车大踏步地走入家庭；房地产业成为区域经济发展的支柱产业，中国大陆"百富榜"的富豪中房地产开发商占 60%；互联网作为新兴行业正式走入经济发展轨道并影响经济发展，百度公司、阿里巴巴集团、腾讯公司等先后兴起，中国网民从无到有，改变着中国经济的格局。

此间，中国的传统制造企业、传统服务类企业受到巨大挑战，实体经济发展遭受互联网、房地产"虚高"的诱惑与威胁，经济转型遭遇"三岔口"，从政府到企业陷入迷茫期。特别是在 2008 年，国家经济政策一年三变。年初中央经济工作会议提"双防"，即防止经济增长由偏快转为过热，防止价格由结构性上涨演变为明显的通货膨胀。年中换为"一保一控"，即保证经济平稳较快增长，控制物价过速上涨。到了年底，换为"全力以赴保增长"，国家金融政策从收紧到适度宽松，并大幅度降息，向企业投放四万亿元贷款和投资。中国经济又一次"软着陆"，平稳渡过"阵痛期"。

4. 第四次转型升级（2013—2017 年）

特征：新经济崛起，新常态变现，经济发展要素由投资驱动向创新驱动转型。

现象级事件：微信、余额宝、民办银行、跨界、消费升级、供给侧改革、"一带一路""大众创业、万众创新"等。

互联网在中国的发展，真正让民众、企业、经济感到的巨大变化，是从2013年开始的。阿里巴巴集团支付宝正式推出"余额宝"，与银行"抢生意"；腾讯公司的微信在中国联通、中国移动、中国电信的领域开展竞争，冲击电话和短信的收费；百分之百现代人创造的购物节日"双十一"，一天销售额超300亿元，逼迫沃尔玛等实体店陷入"关店潮"。

2014年，腾讯公司、阿里巴巴集团等互联网公司，开始大规模向金融业发起冲击，物流业和金融业成为推动产业发展的大型发动机。

党的十八大召开后，中央对中国经济做出了"新常态"的基本判断。十八届三中全会报告指出，加快转变经济发展方式，加快建设创新型国家，推动经济更有效率、更加公平、更可持续发展。同时，我国将建设生态文明纳入国家总体发展战略，对资源型城市产业转型升级提出了更高的要求。资源型城市要实现华丽转身，需要生态、文化、社会、机制的全方位转型。

速度：经济增速从高速增长转向中高速增长。

方式：经济发展方式从规模速度型粗放增长转向质量效率型集约增长。

结构：经济结构从增量扩能为主转向调整存量、做优增量并举的深度调整。

动力：经济发展动力正从传统投资驱动转向创新推动。

新常态下，企业突然从发展"动力"变成发展"对象"，面临着与传统企业一样的变革考验。企业的发展速度、结构、方式、动力适应，认识新常态、驾驭新常态、引领新常态，实现根本性转型的时机已经成熟。要适度提高对经济增长下行的容忍度，坚定不移地推进以"三去一降一补"（即去产能、去库存、去杠杆、降成本、补短板）为抓手的供给侧结构性改革。

2015年的"两会"是中国经济转型升级历史上浓重的一笔。会议正式提出"互联网+"，互联网突破了消费、娱乐、资讯层面，与工业、农业、教育、医疗、金融、生活服务等各个领域全面深度融合，正式提出"大众创业、万众创新"，正式提出"一带一路"倡议，以及消费升级、供给侧改革……

"十三五"规划出台，中国经济转型升级进入实质阶段，甚至可以说是开始了真正意义上的转型升级。

5. 第五次转型升级（2017年至今）

特征：经济由高速增长向高质量发展转型。

现象级事件：新时代、新矛盾、新思想、新方略、新要求等。

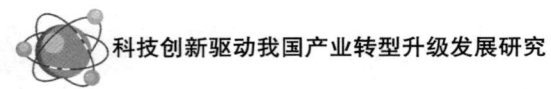

党的十八大以来，中国经济获得空前发展。国内生产总值从54万亿元增加到82.7万亿元，年均增长7.1%，占世界经济比重从11.49%提高到15%左右，对世界经济增长贡献率超过30%。

中国共产党第十九次代表大会，以"新"为核心特征，进一步拉开转型升级的新序幕。

中国特色社会主义进入新时代，这是保证党的理论方针政策既不超前，也不落后的一大关键点。

新矛盾是指，我国社会主要矛盾已经转化为人民日益增长的美好生活需要与不平衡、不充分的发展之间的矛盾。社会主要矛盾的变化是关系全局的历史性变化，不仅仅是"物质文化需要"转变为"美好生活需要"，更是表明中国经济将从以前的重总量转化为未来的重结构；从以前的重增长转化为未来的重发展；从以前的重需求转化为未来的供需并重。"落后的社会生产"变为"不平衡、不充分的发展"，即生产力的发展已经从"寡"的阶段进入"不均"的阶段，不再是总量问题，而是分配、结构和协调问题。

十九大报告中提出了十三个强国战略，并在2020年全面建成小康社会、全面脱贫的基础上制定了中远期奋斗目标。

第一个阶段，从2020年到2035年，基本实现社会主义现代化，到那时，人民生活更为富裕，中等收入群体比例明显提高，城乡区域发展差距和居民生活水平差距显著缩小，基本公共服务均等化基本实现，全体人民共同富裕迈出坚实步伐。

第二个阶段，从2035年到21世纪中叶，把我国建成富强、民主、文明、和谐、美丽的社会主义现代化强国，到那时，全体人民共同富裕基本实现，我国人民将享有更加幸福安康的生活，中华民族将以更加昂扬的姿态屹立于世界民族之林。

在这一簇簇令人振奋的"新"中，中国经济、产业、企业的转型升级更加清晰，高质量发展成为主旋律。经济与政策发展脉络更加明朗：经济有底线，供给侧改革从减法转向加法，消费升级、高端制造是未来重中之重。十九大的召开是中国经济转型升级的又一个里程碑。

（三）转型升级的量变到质变

综观中国企业转型升级的脉络，每一个时期的重点不同，每一个时期的结果不同。但一个无可置疑的结论就是，转型升级是从量变到质变的，是在迭代中不断发展的。

我国经济从 1978 年到 2012 年的三次转型升级，是以工业经济思维为主导的，变化是量的转移与增减。而从 2013 年开始的第四次转型升级，以及从 2017 年开始的第五次转型升级，是以互联网思维为主导的，仿佛有了真正意义上的"转"与"升"，有了一次质的飞跃。

我国经济第四次转型升级，是由技术进步引发的跨界革命，在短短的四年时间里，网店冲击了实体店，微信冲击了电信运营商，无论多么"厉害"的企业，都在跨界革命中被触动了固有的利益。

我国经济第五次转型升级，则从"新"这一综合要素引发，政治、经济、文化、技术交织在一起，形成一股不可阻挡的潮流，这是一场要素突变式的、深度的、主动的生态革命。

这场转型升级革命，将与以往不同。首先其是主动的。这一次转型，不再是由简单的技术、市场因素促使的，而是新时代对于解决社会新矛盾的主动出击。其次其是系统的。这一次转型，不再是某一环的问题，不是到网上开个店，不是搞个新发明，而是诸多要素并行，从生产线到供应链，从管理到消费者关系，要驾驭每一个环节、每一个行业、每一家企业的众多突变要素，对整个消费生态和竞争生态进行革命。最后其是生态的。传统的互联网、大数据、智能化，依然发力向纵深发展，就是深度的人工智能生命科技、共享经济、区块链。随着技术革命的推进，城市化、地缘经济、人性至上、商业进化等一拥而上，形势前所未有的复杂。第五次转型升级，承载着人们对中国梦的期待，对每个人、每个企业都将是影响深远的革命。

（四）转型升级的影响因素

1. 企业视角

企业转型升级的影响因素主要有内部和外部两个方面。

（1）影响企业转型升级的外部环境分析

外部环境主要从宏观的角度影响企业的转型升级，体现在以下几个方面。

一是全球化导致竞争的加剧。经济全球化是当代世界经济的重要特征之一，也是世界经济发展的重要趋势。经济全球化有利于资源和生产要素在全球的合理配置，有利于资本和产品的全球性流动，有利于科技的全球性扩张，有利于促进不发达地区经济的发展，是人类发展进步的表现，是世界经济发展的必然结果。

二是社会的重视与支持程度。政府对转型升级所提供的政策优惠与支持程度，将对企业的转型升级意愿产生重大影响。企业抓住了转型升级这一千载难

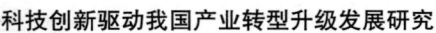

逢的机遇，就可以从政府那里得到政策优惠，从而获得企业再次发展所必需的支持。比如，近几年来，江苏省常州市政府有针对性地提出了"转方式、调结构、促转型"的方针，出台了一系列政策措施加强和改进政府服务。如今，常州市政府服务企业转型升级的能力得到提升，有利于企业转型升级的实现。

三是资源环境成本的加大。改革开放以来，我们取得了西方国家发展一百多年才能取得的经济成果，而西方国家在一百多年内产生的环境问题也在中国集中体现。资源的浪费与枯竭，环境的破坏和恶化，使得资源环境问题成为中国社会经济发展过程中遇到的最大问题之一。从我国的现实情况看，第二产业还占有很大比重，这样，在带来总产出和国民收入增加的同时，也导致资源需求压力不断加大，环境恶化程度日趋严重。这将制约我国经济的进一步发展，对我国重工业的发展和经济结构升级造成明显的需求约束，为我国经济的可持续发展埋下了隐患。此外，哥本哈根世界气候大会就削减温室气体排放做出的积极承诺也给我国带来了巨大压力。经济高速增长的中国已经超过美国成为世界最大的二氧化碳排放国。在不太长的时间内，大规模降低二氧化碳排放，需要付出艰苦卓绝的努力。与此同时，联合国提出"绿色兴政"的主张。"绿色兴政"就是要发展绿色能源和绿色新技术，这已经成为各国政府的共识。同时，这也增强了我国转型升级的紧迫感。

（2）影响企业转型升级的内部条件

第一，经济资源。经济资源对企业转型升级影响巨大。"巧妇难为无米之炊"，企业所拥有的经济资源决定着企业能否成功转型升级。比如，企业转型升级需要大量的资金，还要承受市场风险所带来的打击，在塑造企业品牌形象方面加大投资。同时，企业也要在创新投资方面找到强大的金融产品作支撑。

第二，技术资源。一个企业主营产品的技术含量高低对于企业转型升级有着重要的影响，而产品的性能也取决于产品技术的好坏，也就意味着产品的研发和生产过程中复杂技术的运用。企业拥有了较高的技术水平，就能在市场竞争中保持优势，还要进行必要的技术变革与创新，紧跟时代的步伐，这样才能保持较快的技术资源优势，增强企业的竞争力。

第三，人才资源。企业中的人才资源包括员工的文化与技术水平、企业团队的价值观念和愿景，这些因素都影响着企业的转型升级。企业员工的文化水平与知识结构要适应高科技企业、行业领域发展的需要，企业才能实现转型升级。

当前，大部分中小企业管理水平较低，技术底蕴较少，内部培养出创新人才的概率较小，而要吸引外来高素质人才又存在现实困难。同时，大多数企业缺乏转型升级的经验，在产业链整合、市场渠道建设和产品服务升级等配套建设上基本是一片空白，部分企业盲目转型甚至导致了企业的破产倒闭。

团队的价值观念与愿景对企业转型升级也有重要的影响。一个优秀的管理团队，可以为企业转型升级创造良好的内外部环境；一个优秀的技术创新团队，不仅可以带活一个企业，甚至可以带动一个行业、一个产业的快速发展。

第四，社会资源。这包含企业的关系网、政府的政策导向、社会印象、交易原则等，具有复杂性、广泛性。社会资源的复杂性在于它的不可量化以及可变性，广泛性在于它的无处不在。

第五，企业家资源。企业家资源是企业首要的社会资源，对企业转型升级具有重要影响。进取、创新的企业文化与企业家的创新精神能加速企业的转型升级。企业家资源是企业转型升级的决定性因素。企业家的性格、价值观念、阅历、喜好决定着企业家的思维模式，决定着企业家的进取精神。企业家做企业，做到一定阶段，已经不是在做企业，而是在做事业。

2. 产业视角

随着经济全球化的推进，我国已形成门类齐全、规模经济显著的三大产业结构体系，产业结构不断升级和高度化能力不断提升。同时，基于国际分工格局，中国形成了以劳动密集型制造业为主导的对外产业结构布局，而发达国家利用其技术、市场渠道和品牌效应，在全球产业链、价值链的分工中占据了有利地位。

从产业视角看，影响转型升级的因素主要有如下几个。

①收入分配的结构与差距。一个国家产业发展的实力和规模取决于社会需求水平和需求结构，而社会的消费需求又受到居民收入分配状况的影响，从而影响产业的转型升级。

②自主创新能力。一个企业、一个行业甚至一个国家的自主创新能力，会影响其在国际分工中的地位。我国自主创新能力的不足严重影响了我国产业结构的升级。

③城镇化水平以及服务业发展水平的高低，影响到服务业的充分发展和产业的顺利转型升级。

④体制、机制、市场等因素的影响。

三、创新驱动产业转型升级的案例——国家高新区

国家高新区作为中国产业转型升级的先行者与示范者，已经成为企业产品

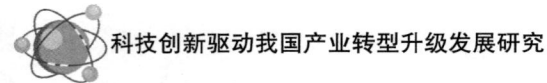

创新与专利创新、高新技术产业发展与战略性新兴产业培育的核心载体。当前，中国产业结构问题的突出表现为，低附加值产业，高能耗、高污染、高排放产业的比重偏高，高附加值产业、绿色低碳产业、具有国际竞争力产业的比重偏低，而国家高新区产业中占主体地位的正是高新技术产业与战略性新兴产业。因此，我们将聚焦于中国产业转型升级的现实路径问题——如何通过推动各地区国家高新区的建设，来实现新常态下"减少无效和低端供给，扩大有效和中高端供给"的供给侧改革目标。

国家高新区的建设是对中国产业发展方式转型升级的一种重要探索，这种探索一方面表现为高效的空间集约利用方式，另一方面表现为创新驱动的内生增长模式。长期以来，实现产业发展方式的转型升级是中国面临的难题之一。中国目前仍然处于要素驱动和投资驱动的阶段，经济增长具有明显的高能耗、低劳动生产率的粗放式发展特征，由此带来的产业结构不合理、部分行业产能过剩严重、环境资源承载能力下降等一系列社会经济问题，已经越来越难以支撑中国经济的可持续发展。

而国家高新区的发展模式有着很大的不同：一方面，国家高新区的发展强调土地的单位产出，着力提高土地的集约式利用，实现了地区产业的专业化发展；另一方面，国家高新区强调创新能力建设，推动科技创新与经济发展的结合，着力培养具备自主创新能力的企业。这就使得国家高新区走上了既能体现空间的集约利用，又能实现创新驱动的经济发展道路。具体而言，从产业聚集和地区产业专业化发展来看，已有51个高新区的主导产业聚集度超过了50%，而且相当一部分高新区的主导产业集群已经在国家高新区中占有显著地位，如北京、淄博、吉林、潍坊、青岛、上海等高新区的主导产业在全国高新区中的首位度超过10%，而且北京中关村的电子及通信设备制造业占全国高新区电子及通信设备制造业的比重达到45%，成为中国规模最大的电子及通信设备制造业产业集群，极大地促进了地区产业专业化的发展。从产业转型升级的成就来看，代表中国未来产业升级方向的高新技术产业和高技术服务业在国家高新区近年来呈现出爆发式增长的态势。

随着各地产业结构调整和升级的需求增加，高技术服务业近年来同样呈现出快速增长的趋势。高技术产业早已成为国家高新区的主体产业，东莞、厦门、惠州、深圳四个高新区的高新技术产业收入占营业总收入的比重已经超过了80%，高技术服务业也逐步成为很多国家高新区的新型支柱产业。国家高新区既是高新技术产业的发展基地，又是发展新兴战略性产业的核心载体。其在产业规模发展的同时，也带来了产业链上下游配套企业的聚集，带来了关联产业的衍生，形成了战略性新兴产业聚集发展的态势。战略性新兴产业在发展的起步阶段，存在着与传统市场和规则的冲突；在发展的扩张阶段，存在着竞争优势的此消彼长；在发展的稳定阶段，又存在着对定价权和定价机制的控制问题。而国家高新区配套完善的产业链和成熟的产业生态系统有助于新兴产业获得其发展所需要的诸多互补要素的支撑，从而突破战略性新兴产业各个发展阶段的瓶颈与制约。国家高新区作为中国产业转型升级的先行者与示范者，已经成为高新技术产业发展与战略性新兴产业培育的核心载体。

第三节　科技创新驱动产业转型升级的研究综述

一、科技创新领域的研究

对科技创新的研究，无论是学术界，还是各国相关政府部门，看法都基本一致，相关研究也比较多，成果也较为丰富。而科技创新理论体系的形成是从熊彼特开始的。他认为，创新是在生产系统中引进新的生产要素和生产条件，最终获得超额利润的过程。熊彼特的科技创新理论为之后学者的研究奠定了基础。新古典学派认为技术创新、投入资本、劳动力和自然资源等因素对经济的增长起到了巨大的促进作用，并且其在主流经济学模型中加入了技术创新，认为技术创新对经济增长的作用不可忽视。新熊彼特学派运用模型将技术创新对经济增长的作用进行全面剖析而得出结论，即技术创新在经济增长过程中扮演核心角色。我国清华大学著名的傅家骥教授也明确指出技术创新在经济不断发展的当下已经成为一种新的生产要素，技术创新的过程就是知识成果的转化过程，在这一过程中科技进步表现得最为活跃。国家创新体系学派的学者认为，在企业层面如果想实现技术创新和技术扩散，必须对包括政府单位、企业、研发机构、教育机构等在内的多个部门进行有效整合，充分发挥各部门最大的作用，形成巨大的合力。

二、传统产业和产业转型升级领域的研究

《中国21世纪议程——中国21世纪人口、环境与发展白皮书》于1994年印刷出版，我国对产业转型研究就是从这一指导性的文件发布开始的。随着研究的不断深入，我国对产业转型升级的研究不断趋于成熟。我国对产业转型升级的研究主要体现在对传统产业转型升级的认定、传统产业与高新技术产业

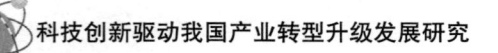

和战略性新兴产业之间的关系、传统产业转型升级的动力因素、传统产业转型升级的路径等方面。

对于传统产业概念的界定及产业转型升级认定的研究方面,学者白冰认为传统产业即对于日常生产活动主要采用那些传统技术规范进行生产。学者刘世锦重点指出传统产业在工业化进程中所发挥出的基础作用和支柱作用。刘宁宁等学者认为传统产业是指那些从生存时间方面看,相对于其他产业时间较长;从生产技术方面看,相对于其他产业技术较为成熟;但是从资源的利用和环保方面看,又都表现出相对于其他产业落后的状况。格里菲和潘认为企业为了谋求其盈利能力的不断增强,努力实现其相关产业向资本密集型及技术密集型方向的转化。王柏玲、李慧认为产业转型升级要以资源节约和环境保护为导向,通过不断开发和创造需求,调整要素投入,融合最新的科技革命成果,通过持续技术创新培养企业竞争力。

还有一些学者从传统产业与高新技术产业的关系层面展开研究。韩小明较早研究了传统产业和高新技术产业之间的关系,他个人认为从传统产业向高新技术产业进行的跨越是必须的。瑞兹特采用实证分析工具对传统产业和高新技术产业之间的要素配置效应进行了详尽的分析,并同时对影响传统产业技术发展的因素进行了逐个剖析。辜胜阻认为在我国工业化没有完成之前,传统产业应该向高新技术方向发展,并坚持高新技术产业化。厉以宁认为高新技术产业单独发展缺乏持续性,高新技术产业和传统产业相结合才是必由之路,二者需要共同发展,否则二者都将受到限制。吴晓波、曹体杰则提出高新技术产业发展对传统产业的转型升级有着巨大的促进作用。

程强、武笛则提出了传统产业转型升级的有效路径,如提升企业的自主创新能力、培育新兴业态、延长产业链、创建特色产业园等。张银银、邓玲指出可以通过创新驱动促进传统企业的转型升级,创新驱动的过程就是传统业务向新兴业务转变的过程,其可作用于传统产业转型升级的所有环节。

波特、达拉斯等国外学者一致认为,对于发展较为落后的国家来说,传统产业依然是经济发展的重中之重,另外以高新技术产业为导向,促进产业健康平衡发展。

洪银兴、刘慧、程淑佳、孙文远、王柏玲、李慧、祁明德等则从产业转型升级的动力因素方面对传统产业的转型升级进行了研究,即信息化因素、市场竞争压力、市场需求因素、技术创新、产业集聚、制度升级、政府行为、技术进步、对外开放程度、环境管理能力等综合作用形成了影响传统产业转型升级的动力体系。

随着国内外学者在传统产业方面研究的不断深入，开始有不少学者探讨传统产业转型升级的路径和方法。周秋月等提出产业转型升级可以通过制度创新和社会环境优化；唐晓云提出产业之间通过协调发展，可以有效地促进产业转型升级；刘宁宁、沈大伟、宋言东提出产业集群可以作为一个重要路径推动传统产业的转型升级；孙锐、万文海认为传统产业可以借助将线下的商务机会与互联网结合（即O2O）这个新兴业态，从产业链、创新链、价值链、生产要素组合这四个角度获得传统产业转型升级的四条路径，另外绿色发展也是不可放弃的要点。

三、科技创新驱动产业转型升级路线与创新之处——以河南省为例

（一）河南省科技创新驱动产业转型升级的研究思路和技术路线

我们通过对河南省传统产业的发展现状进行分析，指出河南省传统产业转型升级过程中存在的主要问题，并结合科技创新驱动传统产业转型升级的作用机理，构建科技创新驱动河南省传统产业转型升级的评价指标体系，运用主成分分析方法对河南省传统产业转型升级的评价指标体系进行分析，并运用回归分析模型分析科技创新对河南省传统产业转型升级的驱动效应，在此基础上，提出河南省科技创新驱动传统产业转型升级的路径和对策。技术路线图如图1-1所示。

（二）河南省科技创新驱动产业转型升级的创新之处

河南省科技创新驱动产业转型升级的创新之处主要表现在以下几点。

①构建科技创新驱动传统产业转型升级的评价指标体系。依据科技创新对传统产业转型升级的重要性，从传统产业的科技投入、传统产业的科技产出及其结果、传统产业的转型升级三个方面构建评价指标体系。这是研究的一个创新点。

②对河南省传统产业转型升级的评价指标进行主成分分析。运用Stata for Mac 13.0这一统计分析软件对河南省传统产业转型升级的评价指标进行主成分分析，结果显示河南省传统产业的转型升级综合得分从2010年的-2.30418分一直持续提高到2016年的1.930368分，河南省传统产业转型升级的状况越来越好。这也是这一研究的创新之处。

③运用回归分析模型实证分析指出科技创新投入在河南省传统产业转型升

级的过程中表现出的一定的驱动效应。基于 2010—2016 年的数据，对科技创新驱动河南省传统产业转型升级的效应进行回归分析，从中筛选出影响程度较大的科技创新投入因素，结果表明政府科研经费投入与河南省传统产业的转型升级关系密切。政府科研经费投入每增加一个百分点，就会促进河南省传统产业转型升级提升 0.8932883 个百分点。这是这一研究的又一个创新点。

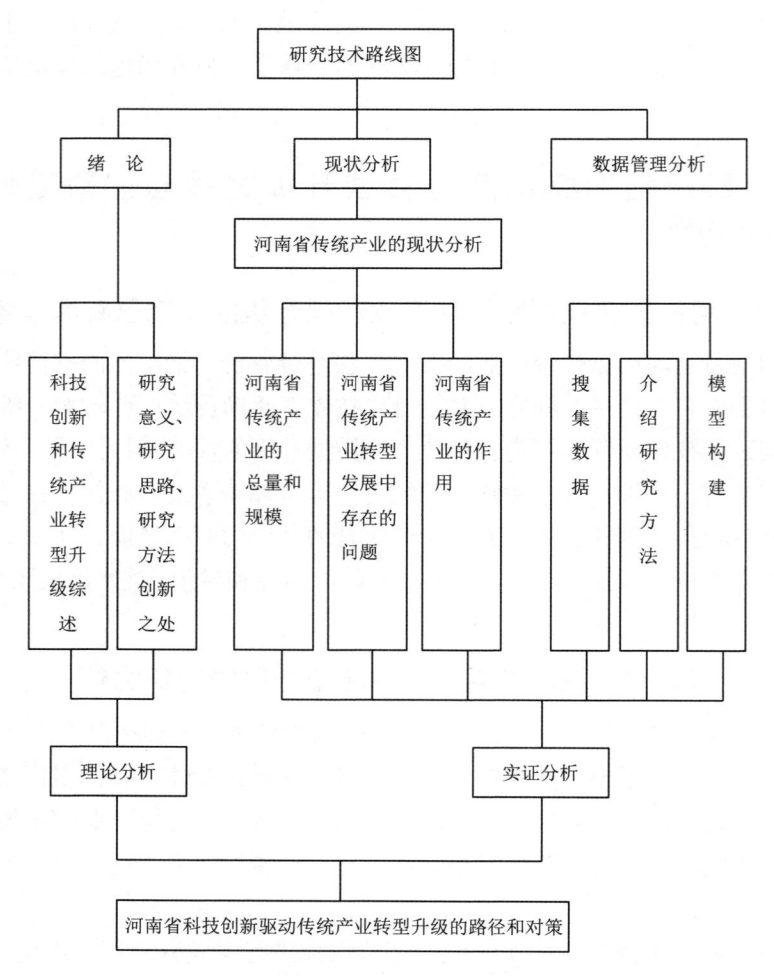

图 1-1　河南省科技创新驱动传统产业转型升级技术路线图

第二章 我国的产业发展与转型升级

改革开放以来，我国产业的发展主要依赖生产要素的比较优势参与国际产业分工，通过提高资源配置效率以促进产业规模的不断扩大，但这种以扩大规模为特征的外延发展方式使得我国产业结构长期处于被动的调整状态之中。产业转型升级是产业从价值链的中低端向中高端上升的过程，是产业竞争力全面提升和经济迈上新台阶的关键。本章分为我国经济与产业发展的总体态势、我国产业结构转型升级的历史与现实依据、国外产业转型升级的经验借鉴、河南省传统产业发展现状与产业转型升级分析、传统产业发展转型的路径选择五部分。本章主要包括我国产业发展概况、产业升级战略实施的历史与现实依据、我国产业结构调整的路径选择等内容。

第一节 我国经济与产业发展的总体态势

一、宏观经济动态发展状况

（一）GDP增速放慢

从2010年开始，中国GDP增速逐年下降。2015年，GDP为67.67万亿元，增速仅为6.9%，比2014年下降0.4个百分点，增速连续5年下降，创25年来的新低。《2016年国务院政府工作报告》指出，2015年着力于稳增长、调结构、防风险，通过宏观调控应对持续加大的经济下行压力，并将2016年经济增长目标定位于6.5%～7%。

（二）三大需求对中国GDP的贡献率及拉动作用

最终消费支出贡献率在2007—2011年基本呈现稳步上升的趋势，在2011年超过资本形成总额的贡献率，达到56.5%，2012—2013年最终消费支出贡献

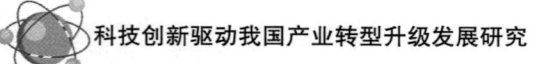

率有所下降。资本形成总额贡献率在2007—2014年总体呈现先上升、后下降的态势，在2009年达到最高点87.6%，这主要是国家4万亿元政策的作用，2014年资本形成总额贡献率下降到46.7%。货物和服务净出口贡献率在2007—2014年总体呈现先下降、后上升的态势，到2014年为1.7%。

2007—2008年间三大需求都有下降，2008—2011年间最终消费支出对GDP增长拉动作用呈缓慢上升趋势，并在2011年成为三大需求中拉动作用最大的一项，2011—2013年其又逐步下降。资本形成总额对GDP增长拉动作用在2008—2009年快速上升后，2009—2012年呈下降态势，2013年上升，2014年下降。货物和服务净出口对GDP增长拉动总体来说作用不大，2008—2009年、2012—2013年都呈下降态势，2009—2012、2013—2014年呈上升态势，基本徘徊在0左右。

（三）第三产业成为投资热点

在分行业固定资产投资中，增长速度排名前六位的分别为信息传输、软件和信息技术服务业，农、林、牧、渔业，卫生和社会工作，水利、环境和公共设施管理业，批发和零售业、租赁和商务服务业，其增速分别为34.5%、30.8%、29.7%、20.4%、20.1%、18.6%。其中，5个为第三产业，1个为第一产业；5个第三产业中，有2个属于现代服务业，3个属于生活服务业。

我们根据上述分析可以看出，中国今后的经济发展速度应该会逐年下降，经济增长将转变为以消费拉动为主、投资拉动为辅的局面。居民消费作为主体消费，将在今后的经济发展中扮演更为重要的角色。在行业投资领域，第三产业增速最快，现代服务业成为投资热点。

（四）旅游消费快速增长

2015年全国居民人均可支配收入为21 966元，同比实际增长7.4%，城镇居民支出中，食品烟酒类、居住类和交通通信类位居前三名，三者之和占到支出总额的65.7%。而到2019年全国居民人均可支配收入达到30 733元，同比增长8.9%，城镇居民支出中，食品烟酒消费占28.2%，居住消费占23.4%，交通通信消费13.3%，三者之和占到人均消费支出的64.9%。这说明中国居民消费支出主要用于食、住、行方面。

从2011—2014年的城镇居民支出可见，城镇居民支出呈现先降后升的趋势，衣着类，食品烟酒类，教育、文化、娱乐类及其他用品和服务类，医疗保健类支出增速与总体一致，呈先降后升的态势；居住类、生活用品及服务类、交通通信类支出增速呈先升后降的态势。医疗保健类支出增速在2008—2010

年短暂下降后，2010—2011年迅速提高到25%，居所有支出类别增速的第一位。这说明城镇居民对医疗保健越来越重视，随后这一支出增速有所下降，但仍保持正向增长。

2011—2014年城镇居民国内旅游支出增速始终快于居民消费支出增速，虽然2011—2014年增速出现大幅下滑，但增长率仍在15%以上。国内旅游收入增速每个时期都快于城镇居民支出增速，说明旅游已成为中国居民消费的一个重要方面。

总的来说，中国居民消费结构正在逐渐转变，尽管衣、食、住、行的消费仍占主导地位，但增长率低于以旅游、交通通信为主的高端消费项目，说明中国消费需求结构变化机遇期已经到来，传统消费型产业应抓住机遇，通过转型升级赢得新的市场空间。

二、我国产业发展概况

（一）我国产业发展总体情况与特征

1. 服务业占比提升

2016年，中国的产业结构进一步优化。第三产业在GDP中的占比进一步提升至51.6%，比2015年提高了1.4个百分点；而第一产业和第二产业的占比则分别降至8.6%和39.8%，分别较2015年回落了0.3和1.1个百分点。从增长情况来看，三大产业的增速较2015年均有所下滑，但第三产业增长最快。2016年，第三产业增加值增长7.8%，高于第二产业的6.1%和第一产业的3.3%。从对GDP增长的拉动来看，第三产业是GDP增长最主要的拉动力，且其贡献仍在进一步提升。2016年，第三产业拉动GDP增长3.9个百分点，对GDP增长的贡献率进一步提升至58.4%；第二产业拉动GDP增长2.5个百分点，贡献率则回落至37.2%；第一产业拉动GDP增长0.3个百分点，贡献率回落至4.4%。

2. 工业生产总体平稳

2016年，规模以上工业增加值增长6%，较2015年略降低0.1个百分点。从2016年全年的走势来看，工业生产基本平稳，全年围绕着6%上下波动。从工业内部的结构来看，采矿业增加值增速显著回落，由2015年的2.7%降至2016年的-1%，这主要是受到供给侧改革的影响。而制造业增加值增速则由2015年的7%小幅回落至2016年的6.8%，表现相对平稳；电力、燃气及水的生产和供应业则由2015年的1.4%提升至2016年的5.5%。2016年，受益于中

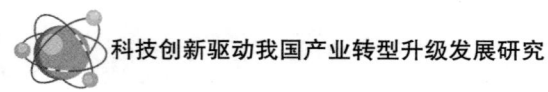

国工业生产者出厂价格指数（PPI）的显著上涨，工业企业效益显著改善。2016年，工业企业利润增长8.5%，而2015年下跌为2.3%。从工业内部结构来看，改善最明显的是上游的采矿业，其利润由2015年的58.2%降至2016年的27.5%，这也与上游的价格提升最为相关。制造业的利润增速由2015年的2.8%提高至2016年的12.3%。电力、热力、燃气及水的生产和供应业的利润增速则由2015年的13.5%降至2016年的-14.3%，这主要是因为上游价格的上涨挤压了公用事业的利润空间。

3. 产业结构不断优化

2016年，装备制造业和高技术产业的增速进一步加快，增长率显著高于工业平均水平。其中，装备制造业增加值增长9.5%，较2015年提升2.7个百分点，比规模以上工业增加值增速高出3.5个百分点。高技术产业的增加值增长10.8%，较2015年提升0.6个百分点，比规模以上工业增加值增速高出4.8个百分点。装备制造业和高技术产业在规模以上工业中的占比也分别达到32.9%和12.4%。

而高耗能行业的增速则继续回落，并低于工业整体水平。2016年，六大高耗能行业增加值增长5.2%，较2015年回落1.1个百分点，比工业整体水平低了0.8个百分点。六大高耗能行业占规模以上工业的比重则降至28.1%。工业增长更加依赖于装备制造业和高技术产业。2016年，装备制造业对工业增长的贡献率达到50%，高技术产业的贡献率达到21.6%。而传统资源密集型行业对工业的拉动减弱。六大高耗能行业对工业增长的贡献率降至24.7%，采矿业的贡献率则降至-1.3%。

电子、汽车行业已成为拉动我国工业经济发展最重要的主导行业。2016年，电子、汽车行业现价增加值分别占工业的7.5%和6.9%，两个行业对工业增长的贡献率高达27.9%。符合消费升级发展方向的智能手机、智能电视、集成电路、光电子器件、新能源汽车等生产均保持较高增速。

4. 出口仍保持较强竞争力

2016年，尽管我国出口总值同比下降7.7%，但部分原因是全球贸易总值的下滑。根据世界贸易组织的数据，2016年全球商品贸易总值下滑3.24%。此外，由于出口总值增速采用美元计价，汇率贬值也会降低美元计价的出口总值增速。事实上，2016年，以人民币计价的出口总值增速仅下跌2%。而从我国出口总值占全球贸易总值的比重来看，国内产品仍然具有较强的出口竞争力。2016年，中国商品出口总值占全球出口总值的比重高达13.15%，这一比重仅次于 2015 年。尽管近年来，随着我国劳动力成本的逐步提升，国内劳动密集型产品的出口总值受到东南亚等劳动力成本相对较低的国家的竞争压力，但我国的出口竞争力并没有出现显著的下滑。从结构上来看，机电产品和传统劳动密集型产品仍然是出口产品的主力。根据海关总署的数据，2016 年，我国机电产品出口额 7.98 万亿元，下降 1.9%，占我国出口总值的 57.7%。同期，传统劳动密集型产品合计出口 2.88 万亿元，下降 1.7%，占出口总值的 20.8%。贸易方式结构有所优化，从贸易方式来看，2016 年我国出口金额中一般贸易的占比进一步上升至 53.84%，较 2015 年上升 0.3 个百分点。

5. 能源结构优化

随着产业结构的调整和环保标准的提升，我国传统能源的生产下降，新能源生产快速增长，清洁能源的比重不断提高。同时，能源利用效率得到提升，单位能耗进一步下降。

近年来，煤炭、原油等传统能源生产明显下降，天然气、电力和新型能源生产显著增长。原煤生产自 2014 年以来连续下降，2016 年降至 34.1 亿吨，比 2013 年下降 9.0%；2016 年原油生产 19 969 万吨，比 2012 年下降 3.8%；天然气生产 1 369 亿立方米，比 2012 年增长 23.8%；电力生产 61 425 亿千瓦时，增长 23.2%，新型能源（核电、风电以及其他新型能源）发电快速增长达 5 120.5 亿千瓦时，整体增长 1.3 倍，其中核电增长 1.2 倍，风电增长 1.5 倍。在能源的消费结构中，煤炭的比重由 2015 年的 63.7% 进一步降至 62%，而水电、风电、核电、天然气等清洁能源消费量占能源消费总量的 19.7%，上升 1.7 个百分点，单位能耗进一步降低。2016 年全国万元 GDP 能耗下降 5%。

（二）我国产业发展的动态演化

1. 第三产业占比不断增加

2015 年，中国 GDP 为 676 708 亿元。其中，第一产业增加值为 60 863 亿元，第二产业增加值为 274 278 亿元，第三产业增加值为 341 567 亿元。近年来，中国第三产业比例不断增加，从 2005 年的 41.4% 上升到 2015 年的 50.5%；2012 年，第三产业比重首次超过第二产业；2015 年第三产业占比超过 50%。与此同时，近年来，除 2010 年外，第三产业增速都快于 GDP 总体增速。可以预计，中国第三产业比重还将进一步上升。第三产业在 GDP 中比重的持续提升，意味着中国经济正在由原来的工业主导型经济向服务主导型经济转变，这种趋势将对中国经济增长、就业以及其他各方面发展带来持久而深远的影响。

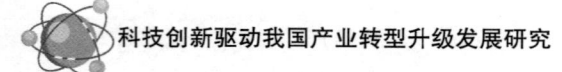

2. 第一产业增长较为缓慢

2015年，第一产业总产值占国内生产总值9%。第一产业内部构成较为稳定，农业占比最大，牧业次之，林业最小。近年来，农业在第一产业中的占比在50%～55%区间内浮动，且2011—2015年占比连续小幅上升；牧业在第一产业中的占比在25%～35%之间浮动，从2011年起占比连续下降；渔业在第一产业中的占比在10%左右，较为稳定；林业在第一产业中的占比最小，在3%～4%之间浮动。2015年，第一产业总产值107 056.4亿元。其中，农业总产值57 635.8亿元，占比53.8%；林业总产值4 436.4亿元，占比4.1%；牧业总产值29 780.4亿元，占比27.8%；渔业总产值10 880.6亿元，占比10.2%。

与GDP增速相比，第一产业增长较为缓慢，增长率在3%～5%之间，增速较为稳定。从细分行业来看，林业增长最快，2007年以后增速维持在7%～8%之间，2014年增速下降至6.1%，均快于第一产业总体增速。农业增长率维持在较低水平，除2011年的5.6%和2013年的4.4%外，均低于第一产业总体增速，增长率均在5%以下。牧业增长率波动幅度较大，2005年、2008年、2012年分别达到高峰值7.8%、6.8%和5.1%，2007年、2011年、2013年分别达到低谷值2.3%、1.7%、2%，总体增长率呈下降趋势。渔业近年来总体而言增速有所下滑，但均快于第一产业总体增速。

从主要农产品产量来看，粮食作物总产量高于经济作物总产量，粮食作物中谷物总产量最高，经济作物中糖料总产量最高，棉花产量最低。2015年全年粮食产量62 144万吨，比2014年增长2.4%；谷物产量57 225万吨，比2014年增产2.7%；棉花产量561万吨，比2014年减产9.3%；油料产量3 547万吨，比2014年增产1.1%；糖料产量12 529万吨，比2014年减产6.2%。2010年以前，主要农产品增长率波动幅度较大。2011年开始，粮食、糖料增长率在0～3%之间浮动，棉花增长率逐年下降，由2011年的10.7%下降至2015年的9.3%。

3. 第二产业总体增速下滑

近年来，中国工业总量持续增加，但增长速度在2007—2015年期间，除2010年有所上升外，其余年份均持续下滑，2015年达到近年来最低值。2015年全年全部工业增加值为228 974亿元，占GDP的33.8%，比2014年增长5.9%，慢于GDP总体增速。

从经济类型来看，在规模以上工业企业中，私营企业增速最快，但下降幅度也最为明显，股份制工业企业增速排名第二。2015年，国有企业及国有控股企业增长1.4%，集体企业增长1.2%，股份制企业增长7.3%，外商及港、澳、台投资企业增长 3.7%，私营企业增长 8.6%。

从行业构成来看，制造业占比最大，增长速度也最快，传统产业占比高。2015 年，采矿业增长 2.7%，制造业增长 7.0%，电力、热力、燃气、水的生产和供应业增长 1.4%。2014 年，规模以上工业企业主营业务收入中，采矿业以及电力、热力、燃气、水的生产和供应业占比均为 6%，制造业共占比 88%。

在制造业细分行业中，传统产业占比高。先进制造业（包括医药制造业、电子及通信设备制造业、电子计算机及办公设备制造业、医疗设备及仪器仪表制造业以及航空航天制造业）在规模以上工业企业主营业务收入中占比仅为 11%，食品制造、纺织、木材加工等传统产品制造业占比 21%，石油化工、金属及非金属冶炼等传统基础产业占比 34%，其他制造业占比 22%。

建筑业增速不断下滑。虽然建筑业增加值不断上升，但增长幅度不断缩小。除 2009 年受政策影响，其增长率快速上升外，2006—2015 年，建筑业增加值增速均呈下滑趋势。2015 年，建筑业增加值 46 456 亿元，占 GDP 的 6.7%，同比增长率由 2006 年的 17.2% 下降至 6.8%，低于 GDP 增速，达到近年来增长幅度的最低值。

从细分行业来看，中国建筑业以附加值和技术含量较低的房屋工程建筑和土木工程建筑为主，而装饰、安装工程等附加值较高的建筑业占比较少。2014 年，中国建筑业总产值为 176 713.42 亿元，其中房屋工程建筑总产值为 113 880.09 亿元，土木工程建筑总产值为 44 135.57 亿元，两者分别占建筑业总产值的 64.4% 和 25.0%，建筑安装业和建筑装饰业占比不到 10%。由此可见，中国建筑业以传统建筑业为主。

4. 第三产业发展较快

近年来，中国第三产业增加值持续增加。虽然增长速度在 2007—2015 年间持续下滑，由 10.5% 下降至 3%，但近年来增长速度快于 GDP 增速，在经济总量中的占比也逐渐增加，成为拉动经济增长的第一大动力。2015 年第三产业增加值为 341 566.9 亿元，占 GDP 的 50.5%。

从细分行业来看，2014 年，批发和零售业、金融业和房地产业为第三产业的主要构成部门，增加值分别为 62 423.5 亿元、46 664.6 亿元和 138 000.8 亿元，分别占第三产业总增加值的 20%、15% 和 13%。除不便分类的其他行业外，在 61% 的第三产业构成中，包括批发和零售业，交通运输、仓储和邮政业，住宿和餐饮业以及房地产业在内的传统行业，总占比为 46%。

从增长率来看，第三产业细分行业中增长率较高的行业为批发和零售业以

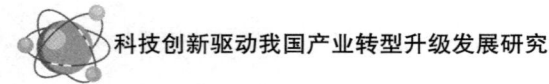

及金融业。近年来，批发和零售业增长率在 2007 年达到最高，为 20.2%；在 2014 年最低，为 9.7%。金融业增长率在 2007 年达到最高，为 25.8%；在 2011 年最低为 7.7%。住宿和餐饮业增长率相对而言保持较低水平，2006 年达到最高，为 12.6%；2009 年最低为 3.9%。房地产业增长率波动幅度较大，2007 年达到最高，为 24.4%；2008 年最低为 1%。

第二节　我国产业结构转型升级的历史与现实依据

一、产业结构转型升级的基本问题

（一）与可持续发展的矛盾

我国资源型城市和资源型地区的产业结构转型升级，必然会关系到该城市和该地区的经济可持续发展。而我国的资源型地区大部分处于经济发展比较落后的内陆地区，这些地区都以工矿型产业为主，生态环境破坏严重，产业结构失衡，可持续发展的能力比较薄弱，因此这些地区的经济发展水平比较低，人民生活水平也相对较低。要实现这些地区的产业结构转型升级，唯有加快实现经济转型，坚持可持续发展的战略，才能提高人民生活的基本水平，实现该地区安全和稳定的发展。

（二）与科学有序保障资源供给的矛盾

中国经济的发展，主要体现在提升人民消费结构水平、优化轻工业产业、加快城镇化建设进程、转移国际制造业等方面，而产业的转型升级也是适应了当时资金、技术、市场需求的发展需要，符合工业化发展的一般规律。中国的人均资源拥有量远远低于世界平均水平，在产业结构转型升级的过程中，不断增加产业资源消耗，重要资源的对外依存度大幅上升，同时也加剧了环境污染和能源供求之间的矛盾。

（三）理论研究相对滞后与现实需求紧迫的矛盾

针对中国产业结构的转型升级，我们要借鉴发达国家有益的探索成果，借鉴发达国家的宝贵经验，实现资源型地区的产业结构转型升级，这样才能实现产业经济的可持续发展。国内学者也要积极研究理论知识，将产业演化规律、城市经济内生增长理论、区域空间结构演化理论、可持续发展理论等应用于这一研究领域。

二、产业升级战略实施的历史与现实依据

（一）产业政策的实施是基础

产业政策在发展中国家已经开始了不同程度的实施，产业政策的实施也促进了产业升级，是产业科技创新的基础。因此，目前的当务之急是要形成国家产业升级战略，进而促进我国经济的发展。

对于战后新兴国家的"经济起飞"，学术界往往单纯从产业政策的角度去审视，实际上产业政策只是公共政策工具，本质上服从于国家产业发展战略。这些国家虽然从未明确国家产业升级战略范畴，但从战后产业政策实施的效果来看，其实质上起到了产业升级战略的作用。

例如，在发展中迅速崛起的新加坡，在20世纪60至80年代是当时世界经济增长率最高（GDP平均增长9%）的国家之一。新加坡政府的经济调控行为和产业政策调整，对当时的经济增长起到了非常直接的促进作用。其政府调控行为主要有以下几个方面。

①政府通过积极引进外资、优化产业结构，创造了安全、有序、稳定的社会发展环境。

②政府还积极投资于社会公共设施建设和基础配套设施建设，形成国家雄厚的资本。

③政府为吸引外商投资，制定相应的鼓励政策和措施，给予投资企业相应的税收优惠政策，同时鼓励投资者扩建企业，给予其扩建免税优惠。

④政府通过政策法规，对外国投资者的出口产品给予优惠待遇。

对于后起的发展中国家而言，其产业升级战略的制定与遵循经济发展规律具有内在的统一性。世界经济发展不平衡以及一定时期的市场机制缺陷为政府直接参与经济发展过程，发挥其积极的推动作用提供了舞台。

（二）政府的积极参与是保障

世界经济发展的不平衡导致世界各国的经济发展水平、产业结构等存在很明显的差异，发展中国家可以借鉴发达国家的产业发展轨迹、历史发展规律，进行产业结构转型升级，实现产业局部的跨越式发展。一定时期内市场机制调节功能的局限和内在的病理缺陷，就为政府积极参与、合理干预经济发展提供了直接的依据，也为政府培育新兴市场提供了机遇。新兴国家的产业经济发展离不开政府在经济运行过程中的积极参与与推动。

政府一定的政策扶持，能够影响基础产业和弱势产业，对于风险大的高科

技新兴产业、主导性产业也能促进其向规模化、集约化、国家化发展，还能鼓励和保护中小企业的健康发展。当然政府的参与、推动作用要在合理的区间内，做到适时、适度和规范，体现出政府扶持政策的优势。

（三）我国产业结构转型升级的依据

1. 处于产业链中低端的经济活动

我国的产业结构从最具竞争力的纺织业、服装业，发展到工业，一直处于产业链的中低端，而且曾经出现了非正常的工业化现象。借鉴发达国家的工业化升级过程（工业化水平、社会化程度提高—企业内部服务分工专业化—形成新的生产性服务企业），我国工业发展成为单纯的"制造车间"，国内企业在制造环节过度竞争，而高附加值的研究开发、产品设计、市场营销由外资垄断。这除了直接导致我国生产性服务业发展滞后外，还严重阻碍着我国产业转型升级。

2. 污染的集聚

工业制造车间的出现，导致了工业化流程的污染集聚，这也是我国产业增长模式的必然产物。产业结构的转型升级，导致中国的企业污染排放量转移增多，尽管政府及时采取了治理措施，但是实施的效果不佳。

3. 资源的过度消耗

我国资源消耗过度却产出较低的GDP，这是我国产业结构转型升级中的巨大代价。处于生产链低端的工业，消耗较高的单位价值资源，同样类型的生产量越多，资源消耗总量也越多。

4. 国际市场中的低价竞争

由于中国产品是国际分工体系中的组成部分，回归国际市场是必然。然而，发达国家往往以"顺差"为由，推出种种常规性甚至"创造性"的贸易壁垒方式。这样处于产业链低端的中国产品在国际市场上的竞争状态往往表现为低价竞争。低价竞争的背后常常是低成本竞争，而这种低成本的获得在相当程度上是依靠掠夺资源和侵害劳动者利益来实现的。

第三节　国外产业转型升级的经验借鉴

一、国际典型的三大产业结构调整的比较分析

（一）美国

作为世界上经济最发达的国家，美国在"二战"以后经历了一系列的产业结构调整，如表 2-1 所示。

表 2-1　美国产业结构调整

时间	产业结构调整
19 世纪末 20 世纪初	农业—工业 工业占主导产业的 53% 左右
20 世纪 20 至 50 年代	工业、农业比重不断下降 第三产业变主导产业
20 世纪 60 至 70 年代	信息产业占主导产业的 50%
20 世纪 80 至 90 年代	高新技术产业居于领先地位，用新技术、新工艺来改造传统工业 第二产业的相对地位保持稳定
21 世纪之后	制造业比重下降，出现"产业空心化"现象 主导产业结构调整

（二）德国

作为"二战"后经济发展迅速并成为世界强国的国家，德国用很短的时间实现了产业结构的调整。德国的产业结构调整如表 2-2 所示。

表 2-2　德国产业结构调整

时间	产业结构调整
20 世纪 50 至 60 年代	工业快速发展 工业成为主导产业
20 世纪 70 至 80 年代	第三产业成为主导产业，超过了工业和农业的产业比重之和
20 世纪 90 年代后	以新经济产业为核心 制造业比重过快下降

（三）日本

"二战"后，日本在极短的时间内就摆脱了战争阴影，各产业取得了飞速发展，经济实现了极高的增长率，国际地位不断上升，其产业结构也进行了很大调整。日本的产业结构调整如表 2-3 所示。

表 2-3 日本产业结构调整

时间	产业结构调整
1945—1955 年	经济复兴时期，由重军事化工业产业结构转变成了以农业、轻工业为主的产业结构
1956—1973 年	经济高速增长时期，第一产业比重急剧下降，第二、三产业比重急剧上升，其中以制造业为中心的第二产业在整个国民经济中的地位得到加强
1974—1985 年	产业调整时期，第一、二、三产业的产值比重变化不大，但信息产业高级化，成为之后日本经济的支柱产业
1986—1990 年	由以出口为主转变为出口和内需并重的经济结构，第一产业产值比重不断下降，第三产业产值比重不断提高，制造业比重基本保持不变
1991—2000 年	经济泡沫时期，为应对泡沫经济后的严峻形势，日本依靠技术创立新产业
21 世纪后	经济恢复增长时期，提出创造性知识密集型可持续发展产业政策，日本第二产业发展速度较之前增速大幅放缓，但信息技术、新能源和新材料产业得到了较快发展，第三产业比重则一直在 70% 以上，作为经济增长中心的地位进一步增强，更加注重技术革新和增强国际竞争力，努力实现资源、环境、经济三者的相互协调

二、国外产业转型升级的经验

（一）产业政策发挥重要作用

日本是世界上最早致力于产业政策制定与产业结构设计的国家，并取得了明显成效，也是世界各国中以产业政策成功推进产业结构优化升级的典范。与美国和德国相比，日本政府对产业结构调整的主要干预手段就是提出明确的产业政策。"二战"后，日本以追赶欧美发达国家为目标，在产业结构调整过程中，通过制定产业政策，引导企业行为，扶持重点产业。

尽管美国政府没有明确的产业政策，但实际上其政府在很多方面对产业界施加了举足轻重的影响，也确实有不少政策是针对产业界而制定的。例如：里根政府采取的放松经济规制、减税等政策营造产业创新的氛围；克林顿政府的新式产业政策，基于产业的创新活动，推动高级生产要素的匹配和创新能力的培养；美国政府对汽车产业的政策促进了美国汽车销量的增长。

德国政府的产业政策更是国外产业政策的典范，其政府出台政策对煤矿产业的发展进行干预，通过煤矿企业的重组实现了合理的规模化生产，解决了煤炭过剩的危机。德国政府对钢铁业的政策投资，扶持有发展前景的产业、高科技工业，实现了产业结构的合理调整。

（二）确定产业结构调整的重点

资源配置的全球化以及产品生产和交换的全球化，使一国的产业结构变动与全球产业发展和产业结构调整的相关性进一步增强。美国凭借其核心技术优势在全球占据产业结构价值链的领先地位，构建了一个以高科技为主的产业结构，引领全球产业结构的走向。

日本则根据经济发展阶段的不同，有选择地重点扶持战略性产业。"二战"期间，日本的重化工业受到了严重破坏，"二战"以后，日本政府开始通过倾斜生产方式政策发展重化工业，20世纪50年代中期，日本迅速实现了重化工业的发展。20世纪80年代至90年代则是日本以半导体、计算机为代表的高新技术产业的迅速发展时期。在这一时期，日本政府主要引导企业大力发展资本、技术密集型的高附加值产业，逐步淘汰劳动密集型和资源、能源消耗型的低附加值产业。日本的工业化在20世纪80年代中期达到顶点，在国际分工中处于越来越重要的地位。20世纪90年代中期以来，在大多数产业发展停滞或缓慢的情况下，信息产业成为支撑日本经济发展的主要因素。日本正是因为有选择地重点扶持战略性产业，从而推动了产业结构向高度化演变，成功地培育出具有强大国家竞争力的战略产业集群。

（三）高度重视技术创新

科技进步与创新是美国推动产业结构高级化并使其国际竞争力得以增强的根本源泉。20世纪90年代是世界科学技术大发展的时期，美国公司把新技术和管理经验不断结合到实践中，又重视发现新领域以巩固其市场领先地位，美国以高科技为主的产业结构引领全球产业结构的走向。

科技创新对德国产业结构调整起到了很好的支撑作用。德国政府加大对研发的投入力度，2011年超越法国和瑞士成为名副其实的创新大国，对科技创新的高度重视促进了德国不同时期产业结构的优化升级。

20世纪的最后10年，高科技产业技术选择上的失误，使日本在战后首次

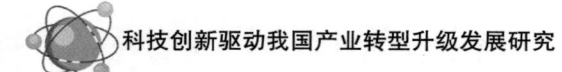

出现产业结构升级上的空白点，没有形成新的消费、投资热点，产业竞争力遭到严重削弱，但也正是重新依靠科学技术使日本创立了新产业。

（四）重视市场竞争

美国崇尚自由竞争和依靠市场机制进行经济管理，美国政府在产业结构调整过程中发挥了重要的作用；德国十分重视对市场竞争秩序的维护，尤其是在支柱产业的选择上，主导产业的形成和发展应由市场竞争来决定，政府创造必要的制度前提并提供宽松的宏观经济环境；日本注重研究和制定产业政策，也重视市场导向作用，尤其是在 21 世纪以后，日本所实施的政策，带有明显的由市场去选择产业的发展方向的倾向，政府只是为企业踊跃探索提供环境和社会基础。

三、我国产业结构调整的路径选择

（一）制定积极的产业政策

产业政策包括四个主要方面：产业结构政策、产业组织政策、产业布局政策和产业技术政策。通过这些政策的制定，有助于促进结构调整与升级，优化组织结构、产业布局。比如，家电下乡、以旧换新、汽车下乡等措施，刺激城乡居民消费需求，促进基础产业的发展。相关部门还出台了十大产业（汽车、钢铁、装备制造、电子信息、物流业等）振兴规划，在调整产业结构的同时，减少金融危机对我国的负面影响，并取得了一定效果。所以，相关部门要进一步适时完善我国的产业政策，并制定相关的法律法规，促使企业积极遵守产业政策，促进我国产业结构的调整。但是，政府在制定产业政策的同时，应更多地以市场竞争为前提，避免扭曲价格和成本关系，给企业带来错误的激励。

（二）确定和扶持不同时期的重点产业发展

我国现在处于工业化中期，第二产业依然是我国的主导产业，仍然占最大比重。中国工业经济学会原会长郑新立指出，中美间的 GDP 差距主要体现在第三产业上，与发达国家相比，中国第三产业增加值明显偏低。所以，我国应加快服务业的发展，关注以发展高端服务业为战略目标的服务业的转型升级，高端服务业是指那些为生产者提供服务，并且具有高技术密集度、高人力资本密集度、高产品差异度和高利润率的行业。高端服务业具有高附加值、高技术含量、高人力资本投入、低资源消耗、低环境污染等特点。高端服务业的从业人员大多具有较高的教育水平，提供的产品更多地表现为无形的、科技含量较高的知识产品，如法律咨询、管理咨询等。发展高端服务业有利于我国优化资源结构，转变经济发展方式。

（三）将化解产能过剩和产业结构调整相结合

产能过剩是困扰我国工业发展的一个重要问题，可以将化解产能过剩和产业结构调整相结合，通过兼并重组实现企业的最优规模，优化产业组织结构。但是由于我国缺乏针对兼并重组的金融工具，政府部门应尽快改善企业兼并重组的政策环境，开发针对兼并重组的信贷产品。

（四）促进我国产业结构调整

城镇化是城镇经济、社会、文化等渗透到农村的过程，是人口集中和产业聚集的过程，是人口结构转变的过程。相对于城镇化而言，新型城镇化突出以人为核心，推动城市现代化、城市生态化、农村城镇化，实现人口向城镇的集中，促进优势资源与生产要素在农村与城市之间的合理流动，优化资源配置，注重产业间的集聚创新，实现产业结构、就业结构、空间结构、基层治理的调整以及文化与观念的转型，推进城市与农村一体化协调发展。各国发展经验表明，随着工业化进程的深入和人均收入水平的提高，第一产业的就业比重会趋于下降，城镇人口比重则不断提高，第三产业占 GDP 的比重会呈现不断上升的趋势，第三产业就业比重也会不断上升。加快推进我国新型城镇化进程，能够使更多的农民就业转移到第二、三产业中，减少第一产业就业比重，增加第三产业就业比重，使就业结构和产业结构的调整相适宜。

第四节 河南省传统产业发展现状与产业转型升级分析

一、河南省传统产业发展现状

（一）传统产业的界定

传统产业是一个相对于新兴产业的概念，是在工业化进程中形成的主要依赖于传统技术，以能源消耗为主，不断注入劳动力和资本并以外延方式不断增长而发展起来的产业。在发达国家或经济发展较为先进的地区，传统产业基本已逐步让位于新兴产业，但在经济发展较为落后的地区，传统产业依然是经济发展的关键，可能会继续在今后一段时间内支撑和带动地区经济的发展。我们研究的传统产业主要界定在以食品产业、装配制造业、汽车及零部件、轻纺工业、有色金属等为代表的传统产业。

河南省的传统产业有远大的发展前景。首先，我们要认清楚一个命题，传统产业不是夕阳产业。夕阳产业是随着产品生命周期的逐步演进，产品将会进入其生命周期的最后阶段即衰退期，随着衰退期的结束，最终新产品将取代老产品，之后，新产品将会进入新一轮的生命周期，而老产品将彻底从市场上消失。而我们所说的传统产业只是从时间上来讲，相对于其他产业而言，其兴起的时间较早，有些传统产业只是进入了其产品生命周期的成熟期，如果进行有效的产业升级，还能展现出新的生机。不同国家和地区，经济发展水平不同，经济发展所依赖的产业也会有所不同，随着经济的发展，经济发展所依托的产业会从传统产业过渡到新兴产业。河南省较中国沿海城市而言，其发展水平相对落后，所以河南省的发展主要依赖的还是传统产业。另外，河南省现阶段正处于工业化的中期阶段，这一阶段对能源原材料的需求增长较快，所以这些传统行业还将在很长一段时间里助力河南省经济的发展。

（二）河南省传统产业的总量和规模

1. 河南省传统产业发展迅速

如表 2-4 所示，以食品产业、有色金属、化工工业、汽车及零部件工业、装配制造业和轻纺工业为例，从 2013 年到 2016 年四年间，相关产业的工业增加值保持着快速稳定的增长。

表 2-4　河南省六大传统产业工业增加值（亿元）

行业＼年份	2013 年	2014 年	2015 年	2016 年
食品产业	2 126.38	2 315.63	2 482.35	2 656.12
有色金属	553.42	635.33	710.93	752.16
化工工业	1 002.29	1 126.57	1 222.33	1 353.12
汽车及零部件工业	454.53	527.03	598.18	686.12
装备制造业	1 982.83	2 294.13	2 594.67	2 924.19
轻纺工业	1 357.24	1 487.54	1 585.71	1 671.34
合计	7 476.50	8 386.23	9 194.17	10 043.05

数据来源：根据《河南省统计年鉴》（2014—2017 年）进行整理计算。

2. 传统产业在河南整个经济发展过程中地位显著

如表 2-5 所示，六大传统产业的工业增加值在四年间逐步攀升，每年的增长率一直保持在 10% 上下，占河南省 GDP 的比重也从 2013 年的 23.06% 增长到 2016 年的 24.81%，其对整个 GDP 的贡献值也在不断提高。在整个工业领域，传统产业的增加值占工业总产值的比重，从 2013 年的 50.05% 增长到了 2016 年的 58.93%，一直保持稳步增长，这些传统工业在整个河南省经济发展过程中具有非常高的份额。

表 2-5 传统产业增加值占河南省 GDP 的比重

六大传统产业工业增加值、总产值比重 \ 年份	2013 年	2014 年	2015 年	2016 年
六大传统产业的工业增加值（亿元）	7 476.50	8 386.23	9 194.17	10 043.05
河南省 GDP（亿元）	32 423.55	35 198.65	37 278.20	40 471.79
六大传统产业工业增加值占河南省 GDP 比重（%）	23.06	23.83	24.66	24.81
工业总产值（亿元）	14 937.72	15 809.09	16 062.97	17 042.72
六大传统产业的工业增加值占工业总产值比重（%）	50.05	53.05	57.24	58.93

数据来源：根据《河南省统计年鉴》（2014—2017 年）进行整理计算。

（三）河南省传统产业的地位与贡献

1. 传统产业关系民生

传统产业在河南省一直是人们获得工作，获取收入的主要来源，以传统的制造业和建筑业为例，如图 2-1 所示，从 2013 年到 2016 年两产业平均工资一直呈现上涨态势，与整个河南省的平均工资水平基本保持一致。其中，制造业的平均工资从 2013 年的 33 951 元增长到了 2016 年的 43 783 元，4 年间涨幅高达 29%。传统产业的不断发展给人们提供就业岗位，提供稳定收入来源，关系整个河南省的民生大事。所以河南省要发展首先要做好传统产业。

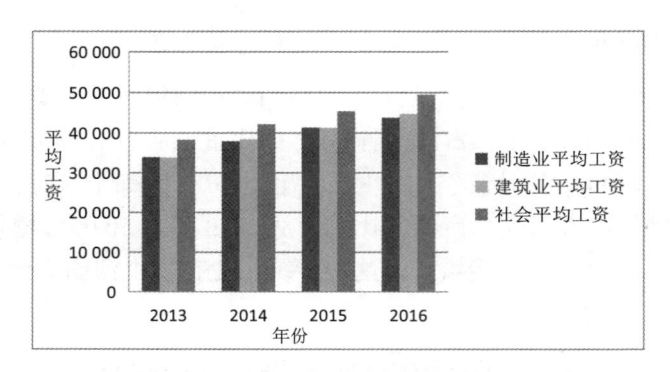

图 2-1　制造业、建筑业和整个社会的平均工资水平（元）

数据来源：根据《河南省统计年鉴》（2014—2017 年）进行整理。

2. 传统产业关系就业

我们将 2010 年到 2016 年的数据进行分析，选取传统产业中的建筑业和制造业为例，如图 2-2 所示，两产业一直保持稳定的就业人数，并且持续增长。7 年间，制造业就业人数从 2010 年的 1 053.52 万人增长到 2016 年的 1 274.75 万人，增加了 221.23 万人；建筑业就业人数从 2010 年的 623.76 万人增长到 2016 年的 707.69 万人，增加了 83.93 万人，吸引了众多的劳动力。所以作为人口大省的河南省，发展传统产业解决就业是首先要考虑的问题。

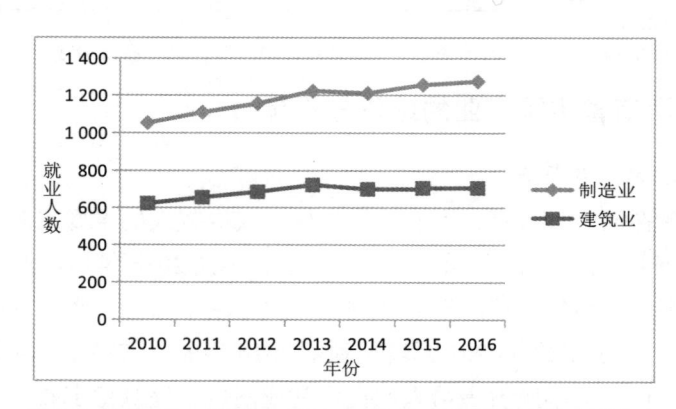

图 2-2　制造业、建筑业 2010 年到 2016 年就业人数（万人）

数据来源：《河南省统计年鉴》（2011—2017 年）。

传统产业的代表制造业和建筑业就业人数占整个社会就业人数的比例如图 2-3 所示，制造业一直在 20% 上下浮动，建筑业一直在 10% 上下浮动，仅这两个产业就业人数占河南省的就业总人数的比例就基本达到 30%。

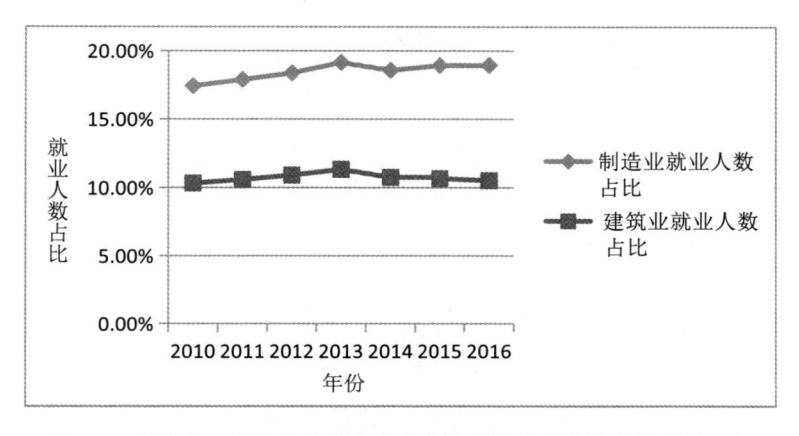

图 2-3 制造业、建筑业就业人数占河南省就业总人数的比例（%）

数据来源：根据《河南省统计年鉴》（2011–2017 年）整理计算。

3. 传统产业在吸引外商投资方面扮演着重要角色

从图 2-4 中可以看出，以传统产业中的制造业为例，其在吸收外商投资方面，从 2013 年到 2016 年的 4 年间，新增投资额一直保持在 50% 以上，外商来到河南省对河南省的传统产业，特别是制造业一直信赖有加，所以河南省要发展，就要吸引外资。

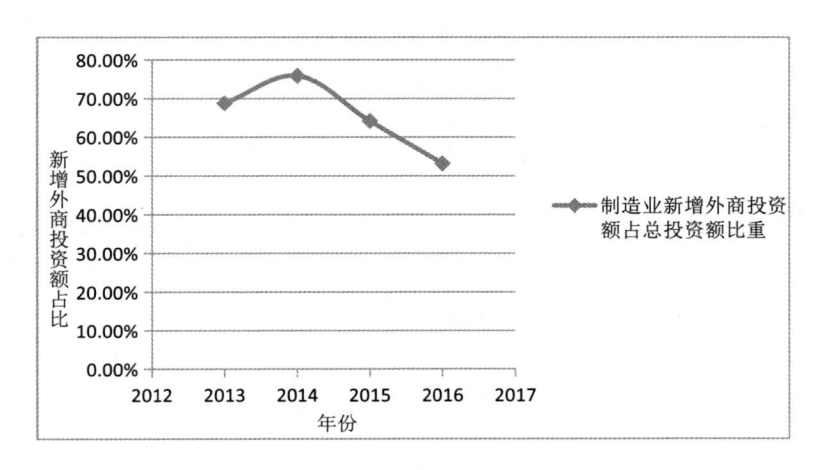

图 2-4 制造业新增外商投资额占总投资额比重（%）

数据来源：根据《河南省统计年鉴》（2014—2017 年）整理计算。

（四）河南省传统产业转型升级中存在的问题

1. 第三产业实力较弱

产业结构的演变过程一般为第一产业为主导，第二、三产业为辅即"一二三"模式，而后发展到以第二产业为主导，第三产业和第一产业为补充即"二三一"模式，再到以第三产业为主导，第二、三产业为补充的"三二一"模式。在经济较为发达的国家和地区，第三产业已经成为推动国家经济发展的主要产业。许多发达国家的服务业产值占 GDP 的比重在 70% 以上，有的甚至超过 80%，第三产业尤其是第三产业中的生产性服务业已经成为推动国家工业化进程的重要动力。第三产业对经济发展的贡献份额不断增加，而河南省从总体上来讲，第三产业发展还较为落后。

2. 投资环境制约了传统产业的转型升级

投资环境的优劣反映一个地区对外开放的程度。上海市在 2016 年货物进出口总额已达到 28 664.37 亿元，较 2015 年同比增长 2.7%，北京市在 2016 年进出口总额也已达到 18 625.2 亿元，较 2015 年同比下降 6.1%，2016 年河南省进出口总额为 4 714.70 亿元，较 2015 年同比增长 2.6%，河南省跟上海市和北京市的进出口总额相比，占上海市同年进出口总额的 16.45%，占北京市同年进出口总额的 25.46%。河南省对外开放程度较低，说明其在投资环境方面与发达经济地区还有较大差距。目前河南省在法律法规方面还有待完善，市场化程度还有待提高，尤其是科技支撑能力有待提高。

3. 地区间经济融合机制的缺乏限制了河南省传统产业的转型升级

河南省传统产业转型的发展受到了河南省行政区划的限制，使得经济信息和产业发展之间的融合发展受到阻碍，经济融合机制缺乏，无法有效配置地区间的资源。地区间的有效经济合作在一定程度上能够促进要素在区域间的有效流动，能够促进区域内部合理产业链的形成。有效的经济融合机制能够促使河南省在传统产业形成多个产业链条，促进河南省传统产业的转型升级。

4. 研发投入不足，技术人员缺乏

2016 年河南省全年研究与试验发展人员 25 万人，经费支出 490 亿元，占该地区全年 GDP 的 1.22%，虽然比 2015 年增长 13.0%，但与北京市和浙江省相比，河南省的状况还是非常落后的。2016 年北京市仅仅在研究与试验发展（R & D）经费方面的支出就高达 1 479.8 亿元，占北京市整个 GDP 的 5.94%，在专利申请量上，2016 年北京市共申请 189 129 件，浙江省共申请 393 000 件，

河南省为 94 669 件，仅占北京市申请量的 50.06%，占浙江省申请量的 24.09%。在专利授权量上，北京市 2016 年专利授权量 100 578 件，浙江省 2016 年专利授权量 221 000 件，河南省仅有 49 145 件，与北京市及浙江省的专利授权量相比，分别只占到了二者的 48.86% 和 22.24%。在发明专利授权量上的比较，河南省与北京市和浙江省也存在很大的差距，如表 2-6 所示。

表 2-6　2016 年河南省科技投入状况与北京市和浙江省比较

省市	R&D 经费支出（亿元）	R&D 占地区 GDP 的比例（%）	专利申请量	专利授权量	发明专利授权量
北京市	1 479.8	5.94	189 129	100 578	40 602
浙江省	1 130	2.43	393 000	221 000	27 000
河南省	490	1.22	94 669	49 145	22 601

数据来源：根据北京市、浙江省和河南省 2017 年的统计年鉴整理计算。

5. 企业科技创新能力较弱，产业缺乏竞争力

河南省很多工业产品依然以劳动密集型为主，资金、技术密集型工业产品占比较低；企业自主研发创新能力较弱，名牌企业匮乏，名牌产品较少，企业间的竞争依然以价格竞争、规模竞争为主，竞争层次较低，产品总体上来讲附加值不高。河南省科技创新能力不足，在自主创新意识的培养方面比较欠缺，难以掌握核心、关键技术，导致企业利润率较低，在竞争中一直处于被动地位，这是河南省传统产业缺乏竞争力的主要问题。据统计，全球 500 强企业的 R&D 经费占全球 R&D 经费的 70% 左右，河南省在科技创新方面的研究经费投入还很不够。

二、科技创新驱动河南省传统产业转型升级的效应分析

（一）构建科技创新驱动传统产业转型升级的评价指标体系

1. 评价指标选取原则

由于科技创新对传统产业的影响是多方位、多渠道的，涵盖的内容广泛且相互交织，因此，相关部门在选择构建指标体系前需先设定要遵循的原则以确保在指标选取方面表现出必要的科学性和客观性。

（1）过程性

科技创新作用于传统产业的转型升级是通过一系列相互衔接的过程体现出

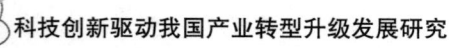

来的。首先是政府和企业对科技创新的重视，从人、财、物等要素方面对科技创新进行持续及有效的投入，促使新专利、新标准、新技术的科技产出，然后通过专利权或新技术的转让、新标准的实施使新科技应用于实际生产从而实现新产品的产出与销售、产品质量的提升、能源的高效利用、环境的有效保护及产业链的可持续延伸。因此，选择指标时需要体现出其作用的过程。

（2）综合性

从科技投入到科技产出再到产业转型升级，这每一个阶段都包含多个数据指征，它们相互联系却各有不同与侧重，如科技投入阶段需同时考虑人、财、物三大要素，同时还要从绝对数和相对数方面全面反映政府和企业对科技的重视程度；在科技产出阶段，科技的产出分很多内容，包括专利、技术、标准，这些都将最终直接作用于产业的变化，也应该综合考虑进去；在产业转型升级阶段主要考察科技创新对产业的产品创新的影响，从科技创新对产品质量的影响、对能源利用的影响、对环境的影响、对产业链条的影响这四个方面进行探究，这也是科技创新对产业的生产、管理、销售全方位作用的结果，也应该综合考虑进去。

（3）重点性

尽量选择对产业转型升级起直接作用的重点指标，而对那些影响不大或不能反映评价结果的指标不予考虑。同时，当遇到相似指标时，应本着避免重复，选择重点的原则予以筛选，形成的指标体系要简而全。

（4）可衡量性

由于形成的指标体系主要用于定量评价，因此，选择的指标必须客观、可衡量，并且要保持数据在时间上的连续性，以保证评价的可量化与可比性，对于那些只出现在部分时段的随机性数据不予考虑。

2. 评价指标体系的构建框架

依据科技创新对传统产业转型升级的重要性，按照科技投入—科技产出—产业转型升级的关系模式从传统产业的科技投入、传统产业的科技产出及其结果即传统产业转型升级三个方面构建评价指标体系。

在科技投入方面既要考虑科研投入绝对量的变化，即机构、人员、经费的多少，还要考虑政府对科技投入的支持力度，可以通过科研经费占财政支出的比例进行计算，或者通过科研经费占 GDP 的比例进行计算获得，企业与科研单位对政府支持的响应可通过科研项目数和科研项目费用来反映。

在科技产出方面要重点体现对产业转型升级起关键作用的专利、技术、标准等,因此,选择指标时应重点关注专利的发明与应用、技术的转让与应用、国家或行业标准的形成等方面。在产业的转型升级方面要充分表现出科技对产业转型升级的实质性贡献,具体应包括新产品的发明与销售、产品质量的提升、资源利用效率的提高、产业能耗的降低及产业链的延伸等。基于以上分析,以指标选取原则为依据构建综合研究河南省科技创新与传统产业转型升级的可评价指标体系,如表2-7所示。

表2-7 科技创新驱动传统产业转型升级的评价指标体系

传统产业科技投入	传统产业科技产出	传统产业转型升级
R&D经费内部支出（万元） R&D经费占GDP的比重（%） 政府科研经费投入（万元） 政府科研经费占财政支出的比例（%） 企业科研经费投入（万元） 项目费用（万元） 科研人员数量（人） 科研项目数量（项）	有效发明专利数量（项） 专利所有权转让与许可数量（项） 专利所有权转让与许可收入（万元） 技术转让成交额（万元） 形成国家/行业标准数量（项）	传统产业增加值（万元） 新产品产值（万元） 新产品销售收入（万元） 产品合格率（%） 单位产值的综合能源消耗（万吨标准煤/万元） 单位产值的水资源消耗（万立方米/万元） 单位产值的废水排放（万吨/万元） 单位产值的废弃排放（亿标立方米/万元） 单位产值的固体废料排放（万吨/万元） 固体废料再利用率（%）

（二）河南省科技创新与传统产业转型升级动态分析

依据前面构建的指标体系,收集河南省2010—2016年的数据,对河南省科技创新与传统产业转型升级进行时间序列的动态分析,以判断河南省科技创新是否朝着推动传统产业转型升级的方向持续健康发展。

1. 河南省传统产业科技创新投入动态分析

从科研投入方面来看,从2010年到2016年,河南省针对传统产业的R&D经费支出、企业科研经费投入总额、科研项目总数量、科研人员数量及企业科研项目经费投入额都保持持续增加的态势,体现了整体上河南省对传统产业科技创新的重视,以及在人员和资金上的持续支持,如表2-8所示。

表 2-8 河南省传统产业科技创新投入情况

年份	R&D 经费支出（亿元）	R&D 经费占 GDP 的比重（%）	政府科研经费投入（亿元）	政府科研经费占财政支出比例（%）	企业科研经费投入（亿元）	项目经费（亿元）	科研人员数量（人）	科研项目数量（项）
2010	129.33	0.56	4.58	0.13	126.96	115.33	76 464	3 904
2011	172.19	0.64	5.20	0.12	166.34	151.61	94 596	4 607
2012	168.49	0.57	4.21	0.08	163.79	147.18	91 396	4 635
2013	224.59	0.70	7.14	0.13	216.36	206.95	112 956	7 951
2014	251.48	0.72	6.39	0.11	243.58	225.23	128 230	6 647
2015	267.75	0.72	8.50	0.13	258.18	245.74	128 527	7 971
2016	289.61	0.72	6.66	0.09	281.32	267.39	130 669	8 564

数据来源：根据《河南省统计年鉴》（2011—2017 年）进行整理。

对 R&D 经费占 GDP 的比重进行计算得到的数值，可以衡量对科技创新投入的程度，从《河南省统计年鉴》数据可以看出，从 2010—2013 年这一数据一直在波动提升，但从 2014—2016 年这一数据变化不明显，甚至在 2016 年出现了政府对传统产业科研经费绝对量的减少，以及政府科研经费占财政支出比例这一相对量的减少。出现这一现象，一方面，是因为政府近几年来一直关注生态环境发展，不鼓励这些污染比较严重的传统产业的快速发展，这一政策指向也体现在政府对传统产业科研的支持力度上；另一方面，河南省近几年来正在加强第三产业及新兴产业的发展，因此，科研经费投入的重点有所倾斜。但正是由于传统产业是污染大户，因此，政府更应该重视对传统产业转型升级的科研支持力度。

同时，我们可以看到，企业自身科研创新的投入力度每年基本保持 17%的增长，科研人员的数量也在持续增加，说明企业对自身的科研工作是非常重视的，这是基于对环保的要求和对消费者需求层次的提升，传统产业相关企业正在通过科技创新的方式寻求突破与发展。

2. 河南省传统产业科技创新产出动态分析

随着中原经济区地位的确定，河南省近几年经济发展进入快速发展通道，因此，科技创新与保护知识产权的制度日渐成熟，科研的产出无论是专利、技术还是标准都有明显的增加，如表 2-9 所示。

表 2-9 传统产业科研产出情况

年份	有效发明专利数量（项）	专利所有权转让与许可数量（项）	技术转让成交额（万元）	形成国家/行业标准（项）
2010	2 870	39	7 952	487
2011	3 272	47	8 004	454
2012	4 172	82	2 447	505
2013	5 301	55	4 450	445
2014	6 668	79	1 598	571
2015	11 305	235	4 513	708
2016	11 732	226	843	543

数据来源：根据《河南省统计年鉴》（2011—2017 年）进行整理。

特别是有效发明专利无论是从数量上还是从转让许可数量上都呈快速上升态势。有效发明专利从 2010 年到 2016 年增长了 30.9%；专利转让与许可增长了 47.9%。这说明河南省近几年来无论是从对知识产权的重视程度上还是从科研的层次上都在大踏步前进。

但同时我们应该看到，河南省形成国家或行业标准的变化幅度不大，这表明河南省的传统产业并没有站在国家或行业的领先地位上，传统产业层次较低，在国内的市场竞争力不足。另外，2016 年的专利所有权转让与许可数量、技术转让成交额都有明显下降，这是由于 2016 年对传统产业的科研主要来自企业内部，企业通过自设或合作的科研部门进行专利、技术的研发与创新。这表明企业正在积极主动地寻求产业的升级与转型，正在形成自我完善与发展的良好循环模式。

3. 河南省传统产业转型升级结果动态分析

从传统产业转型升级的结果上看，2010 年到 2016 年河南省无论是产业自身的发展、新产品的研发与销售，还是环境污染的降低，其传统产业都在进入可持续发展的轨道。

在这一时期，传统产业的增加值 7 年间增长了 29.65%，年均增长 4.24%；科技创新推动了传统产业产值的增加。一方面，新产品产值与销售额分别年均增长 5% 与 6%，企业研发的新产品适销对路，产品的合格率提高，市场对传统产业新产品的认可度和接受度增加；另一方面，企业对环境的污染减少，从 2010 年到 2016 年传统产业单位产值的废水、废气及废料的排放量都在减少，企业在环保方面的科研力度加大。

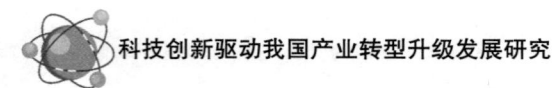

但同时我们应该看到,单位产值的资源利用量和固体废料再利用率这两个指标的变化不大,企业在有效利用资源及资源的回收再利用上还有待发展。这是因为,在企业的科研投入上过分重视新产品研发和减少污染,研究重点放在了产业转型升级的下游,而忽视了产业转型升级的源头,企业在对资源利用的研究方面还有待加强。

(三)对河南省传统产业转型升级的评价指标进行主成分分析

1. 河南省传统产业转型升级评价指标的选取

根据实际情况,我们主要考虑传统产业转型升级的以下10种因素。

①传统产业增加值 Y_1(万元)。
②新产品产值 Y_2(万元)。
③新产品销售收入 Y_3(万元)。
④产品合格率 Y_4(%)。
⑤单位产值的综合能源消耗量 Y_5(万吨标准煤/万元)。
⑥单位产值的水资源消耗量 Y_6(万立方米/万元)。
⑦单位产值的废水排放量 Y_7(万吨/万元)。
⑧单位产值的废气排放量 Y_8(亿标立方米/万元)。
⑨单位产值的固体废料排放量 Y_9(万吨/万元)。
⑩固体废料再利用率 Y_{10}(%)。

2. 河南省传统产业转型升级评价的主成分分析

为研究主成分分析法在传统产业转型升级评价中的有效性,我们选取2010年至2016年的河南省传统产业转型升级的评价指标数据,运用Stata for Mac 13.0这一统计分析软件对河南省传统产业转型升级的评价指标进行主成分分析得出以下数据。

表2-10 特征值及方差贡献率

Component	特征值	方差	方差贡献率	累积贡献率	提取特征值	方差贡献率	累积贡献率
Comp1	6.50	4.76	65.01	65.01	6.50	65.01	65.01
Comp2	1.74	0.35	17.42	82.43	1.74	17.42	82.43
Comp3	1.40	1.19	13.96	96.38	1.40	13.96	96.38
Comp4	0.20	0.09	2.04	98.42	—	—	—
Comp5	0.11	0.07	1.16	99.59	—	—	—

续　表

Component	特征值	方差	方差贡献率	累积贡献率	提取特征值	方差贡献率	累积贡献率
Comp6	0..41	0.04	0.41	100.00	—	—	—
Comp7	0	0	0	100.00	—	—	—
Comp8	0	0	0	100.00	—	—	—
Comp9	0	0	0	100.00	—	—	—
Comp10	0	0	0	100.00	—	—	—

表 2-11　因子得分矩阵

评价指标	Comp1	Comp2	Comp3
Y_1	0.39	−0.03	0.05
Y_2	0.37	−0.19	0.05
Y_3	0.36	−0.21	−0.13
Y_4	0.29	0.32	0.39
Y_5	−0.05	−0.19	0.81
Y_6	−0.37	0.10	0.26
Y_7	−0.31	−0.44	0.01
Y_8	−0.36	0.10	−0.27
Y_9	−0.33	0.32	0.17
Y_{10}	0.14	0.68	−0.06

从以上表格，可以得出以下结论。

①主成分个数提取原则是主成分对应的特征值大于1且主成分累积方差贡献率85%的前M个主成分。前三个主成分的累积贡献率已经达到96.38%，且每个主成分对应的特征值均大于1，符合这一条件，前三个主成分分别为传统产业增加值Y_1（万元）、新产品产值Y_2（万元）、新产品销售收入Y_3（万元），这也较好地反映了原始变量的信息。

②从表2-11中可以得出三个主成分，三个主成分分别用F_1、F_2和F_3表示，则这三个主成分分别为以下形式。

$F_1=0.39Y_1+0.37Y_2+0.36Y_3+0.29Y_4-0.05Y_5-0.37Y_6-0.31Y_7-0.36Y_8-0.33Y_9+0.14Y_{10}$

$F_2=-0.03Y_1-0.19Y_2-0.21Y_3+0.32Y_4-0.19Y_5+0.10Y_6-0.44Y_7+0.10Y_8+0.32Y_9+0.68Y_{10}$

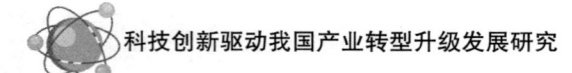

F_3=0.05Y_1+0.05Y_2−0.13Y_3+0.39Y_4+0.81Y_5+0.26Y_6+0.01Y_7−0.27Y_8+0.17Y_9−0.06Y_{10}

第一主成分保留了原指标65.01%的信息,从各系数可见,传统产业增加值这个指标的系数最大,充分反映了传统产业的规模和发展状况。另外,新产品产值、新产品销售收入和产品合格率这几个指标的系数也较大,也反映了科技创新所带动的传统产业转型升级的效果显著。

第二主成分保留了原指标17.42%的信息,其中,固体废料再利用率Y_{10}的系数很大,单位产值的固体废料排放量Y_9的系数也比较大,这充分说明了传统产业的转型升级与环境污染息息相关,符合传统产业高能耗的特点。

第三主成分保留了原指标13.96%的信息,其中,单位产值的综合能源消耗量Y_5的系数最高,也充分显示了降低能源消耗是传统产业转型升级的任务之一。

③模型评价。根据主成分分析模型对2010—2016年的河南省传统产业转型升级的情况进行评价,如表2-12所示。

表2-12 河南省传统产业转型升级的评价情况

年份	F_1	F_2	F_3	综合得分
2010	−2.9948	−0.7741	−0.9970	−2.3042
2011	−2.9081	−0.5837	−0.6195	−2.1566
2012	−1.4049	0.5905	1.5717	−0.6133
2013	0.0214	0.5899	1.6406	0.3586
2014	1.4859	1.2367	−0.9815	1.0836
2015	2.3645	1.3040	−0.8909	1.7015
2016	3.4359	−2.3632	0.2766	1.9304

如表2-12所示,河南省传统产业的转型升级综合得分不断提高,也说明河南省传统产业转型升级的现实效应不断提升。2010年的综合得分是−2.30,到2012年这一数值上升到−0.61,从2010年到2012年都是负值,说明河南省传统产业转型升级的情况不佳。但是,到了2013年这一综合得分上升到0.36,开始由负值变为正值,随后一直上升,到2016年这一综合得分已经上升到1.93。可见,河南省传统产业转型升级的状况越来越好,表现出来的实际效果也在不断增强。究其原因,不管是政府还是企业对传统产业转型升级的重视程度越来越高,投入也越来越多。尤其是近些年来随着能源的短缺和环境污染程度的不

断加重，传统产业的转型升级成为政府工作的重中之重，政府从各个方面加大对传统产业转型升级的支持力度，尤其是科技创新方面的投入，使得传统产业不断优化转型升级。企业在环境和市场需求双重压力下，也开始关注其自身的科技创新，在科技创新方面的经费投入也越来越多，这些都是整个传统产业转型升级综合得分不断提高的原因。

（四）科技创新驱动河南省传统产业转型升级的回归分析模型

河南省传统产业科技创新投入指标如表 2-13 所示。

表 2-13 河南省传统产业科技创新投入指标数据

年份	R&D 经费内部支出（亿元）	R&D 经费占 GDP 的比重（%）	政府科研经费投入（亿元）	政府科研经费占财政支出比例（%）	企业科研经费投入（亿元）	项目经费（亿元）	科研人员数量（万人）	科研项目数量（千项）
2010	129.33	56.00	4.58	13.00	126.96	115.33	7.65	3.90
2011	172.19	64.00	5.20	12.00	166.34	151.61	9.46	4.61
2012	168.49	57.00	4.21	8.00	163.79	147.18	9.14	4.64
2013	224.59	70.00	7.14	13.00	216.37	206.95	11.30	7.95
2014	251.48	72.00	6.39	11.00	243.58	225.23	12.82	6.65
2015	267.75	72.00	8.50	13.00	258.18	245.74	12.85	7.97
2016	289.61	72.00	6.66	9.00	281.32	267.39	13.07	8.56

基于 2010—2016 年的数据，对科技创新与河南省传统产业转型升级之间的相互关系做相关关系分析，利用回归分析方法从中筛选出影响程度较高的科技创新投入因素，构建回归分析模型，得出如下结果。

$$Y = -5.45 + 0.89X_3$$

$$(-2.71) \quad (2.78)$$

$$R^2 = 0.61 \quad Prob > F = 0.04$$

该结果说明政府科研经费投入与河南省传统产业的转型升级之间关系显著。政府科研经费投入每增加一个百分点，就会促进河南省传统产业转型升级提升 0.89 个百分点。为更好地促进河南省传统产业的转型升级，政府应加大科研经费投入的力度。

第五节　传统产业发展转型的路径选择

一、通过技术创新增强传统企业的自主创新能力

传统产业的转型升级离不开企业的自主创新能力。在很多传统产业中，由于产业机制的不完善，就出现了企业自主创新能力普遍比较差，企业整体发展速度缓慢的特征。在企业的发展过程中，企业会受到同行竞争的压力，从而会不断增强自身能力。自主创新能力是企业长期快速发展并在竞争中取胜的关键，而自主创新可以表现为销售方式的创新、过程创新、支付创新等多个方面。企业要想增强自己的自主创新能力，需要通过加大自身在科技创新方面的经费投入力度，同时，对于一些优秀的专业人才要善于引进，充分利用人才效应，同时需要营造良好的企业创新环境，建立完善的科技创新机制，共同促使企业自主创新能力的增强。河南省传统产业在自主创新方面一直表现出能力薄弱的状况，对其进行深入分析可以发现在企业内部根本不具备培养创新能力的投资渠道，另外相关促进机制也不够健全。其中，共性技术的开发体现的是科技创新的源动力的问题，其在发展过程中出现的短板现象就导致科技发展的基础性、公益性技术研发十分薄弱。科技人才的缺乏进一步加大了这些问题。这些都限制了河南省传统企业的转型升级。基于此，河南省应从科技、产品、市场、品牌、企业文化等各方面进行创新，不断增强自身的自主创新能力，抢占新技术高地。

二、利用"互联网+"技术培育更多的新兴业态

李克强总理在《2015年国务院政府工作报告》中专门提出，刚刚出现的新兴产业和新兴业态形成了企业与企业之间的竞争高地，此类新兴产业的发展将极大地推动国民经济和人们生活水平的提高，促进传统产业的转型升级，对经济增长的贡献将越来越大。

近些年来，随着互联网的发展，传统产业的竞争优势受到了很大的挑战和限制，受到了前所未有的市场冲击，更多的产业开始依靠和结合互联网培育更多的新兴业态，为经济增长寻求新的增长点，不断积极寻求"互联网+"背景下与传统产业融合的新兴商业模式，为传统产业的转型升级提供了一条新的转型路径。

三、通过科技合作延长传统产业链

目前，企业与企业之间的竞争不再是一个孤立事件，其已经演变为竞争协作的态势。所以各个企业之间也开始注重合作共赢，开始寻求企业之间的合作，把产业链上的所有相关联的企业联系起来，实现对传统产业链的延长。传统企业的转型升级可以在产品创新、客户价值、合作伙伴、收益方式、销售渠道等方面找到突破口，利用"互联网+"找到新的商业模式。延长传统产业链一方面可以促使当地产业向更广阔的空间多元化发展，另一方面还可以促使产业链上的相关企业共同发展，共同降低相关企业的经营风险，提高保险系数，增加企业利润率，实现共赢。科技合作中较高水平的知识和技术在传统产业的发展过程中起到了巨大作用。所以在传统产业进行转型升级的过程中会出现一些技术相对来讲易于延伸的产业，这些产业与其他产业相比更容易进行产业链的延长。产业链延长的结果就使整个产品的生产步骤得到充分的简化。例如，传统装备制造业由于加入了机器人的使用，正在向更加智能的装备制造业转换，传统汽车行业由于受到越来越严格的能耗、尾气排放约束使得技术难度以及综合成本上升，而新能源汽车则得益于技术的加快成熟使得其成本持续降低、市场加速扩张，成功实现利用新能源的装备制造产业转型升级。

第三章 科技创新与我国产业转型升级

科技创新是影响我国产业结构升级的重要因素：科技创新关联的变动决定着产业关联的变动；科技创新从根本上说改变着传统产业的面貌，使产业结构发生重大变革；科技创新的生命周期决定着产业的兴衰与更替；科技创新刺激需求结构发生变化从而使产业结构发生变化。因此，研究如何利用科技创新推动产业结构升级具有十分重要的现实意义。本章分为科技创新概述、科技创新驱动产业转型升级、国内外关于科技创新的政策、科技创新驱动产业转型升级的政策性建议四部分。本章主要有科技创新的内涵与特征、科技创新驱动产业转型升级的作用机理、国外科技创新政策、遵循整体布局与重点支撑的方针等内容。

第一节 科技创新概述

一、科技创新的内涵与特征

（一）科学的概念与特征

1. 科学的概念

科学是人类对各种事物本质和变化规律的理性认知，是关于客观世界现象、事物内部结构及其运动规律的知识体系。

2. 科学的特征

①科学的真理性。科学是反映客观事实、规律的知识。因此，它具有客观的真理性。

②真理的相对性。由于宇宙是无限的，随着科学向更深、更广的空间发展，现在的真理可能成为谬误。因此，科学的真理性是相对的。这已为科学史中许

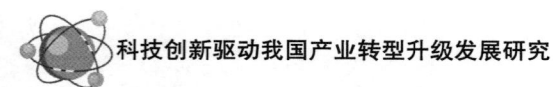

多事实所证明。如在人们生活的宏观世界里，经典力学是放之四海而皆准的真理，但在以光速运动的宇宙空间和原子的微观世界里，就行不通了。所以，后来才出现了相对论和量子力学。

③现有知识的有限性。宇宙空间是无限广阔的，物质微结构的研究也没有终点，而现在人们认识的客观事实及其规律离宇宙空间和物质微结构的终极答案还十分遥远。现有知识只是这个终极答案的一小部分。

3. 科学的特性

①主观性。所有原始性创新大都先由个别科学家完成，然后逐渐被大家所接受。科学的主观性就是通过科学家的主观努力，把"未知"变成"已知"。

②客观性。科学反映客观世界的结构及其运动的规律，因此具有客观性。

③目的性。任何一项科学发现或发明都是为了探索真理或解决某个实际问题，因此具有明确的目的性。

④阶段性和无限可发展性。科学的发展是由量变到质变的，因此它具有明显的阶段性。但客观世界是不断发展和变化的，且宇宙具有无限性，所以科学具有无限发展性。

⑤科学本身无善恶之分，也无成败之分。

4. 科学的形态

科学的静止形态是"知识"；科学的运动形态是"探索"和"创造"，但与运动形态相伴而生的是不断增长的知识。

5. 科学的范畴

科学包括自然科学、社会科学和思维科学以及贯穿于三个领域的哲学和数学。

6. 科学的价值

科学的价值包括经济价值、政治价值和军事价值。

（二）技术的概念与特征

1. 技术的概念

技术是人类在利用和改造自然的过程中积累并在生产劳动中体现出来的经验和知识，是生产力的构成要素，也是生产力性质与水平的标志。

2. 技术的特征

①技术有明确的目的。它是人类社会的需要与自然物质运动相结合的产物。

②技术的实现是社会协作共同完成的。技术是主体要素与客体要素的统一。主体要素包括人的知识、经验、技能；客体要素包括工具、机器、设备。

③技术需要依靠工具、设备等才能完成。

3. 科学与技术的区别与联系

（1）科学与技术的区别

科学是关于认识自然的知识体系；技术是利用各种手段改造自然的知识体系。如果把技术比作红苹果，科学就是长出红苹果的树。

①预见性。在科学发展史上，许多科学的重大突破是从本人的兴趣出发而进行工作的，有的甚至是工作中偶然的发现，是原来完全没有预料的事情。而技术是以对自然界的认识为根据来改造自然为人类服务的。技术有了科学的根据，因此总体来说是可预见的。

②规划性。由于科学发现是难以预测的，所以科学也是难以进行规划的。技术的发展在一定程度上是可以预见、可以规划的，特别是在国际上已经实现的技术。

③积累性。科学的发展经常是波浪式前进的，在一段平稳发展的时期之后，会出现一个重大突破性贡献而给有关领域带来一个飞速发展的时期。但是，科学和原创性技术的突破性进展是长期艰苦努力和大量工作积累的结果。

（2）科学与技术的联系

科学与技术的关系是辩证统一的整体。科学中有技术，技术中有科学。科学是发现，技术是根据科学原理进行的发明。

（三）创新的内涵与特征

1. 创新的内涵

创新是指人们为了发展的需要，根据一定的目的和任务，运用已知的信息，通过思维或行为，突破常规，发现或产生某种新颖、独特、有社会价值或个人价值的新事物、新思想的活动。准确地说，创新是创新思维蓝图的外化或物化。创新的本质是突破，即突破旧的思维定式和常规。创新活动的核心是"新"，形成新产品、新设计、新技术等。

创新涵盖众多领域，包括政治、军事、经济、社会、文化、科技等各个领域的创新。因此，创新包括理论创新、制度创新、科技创新、文化创新、艺术创新、商业创新以及其他领域的创新。

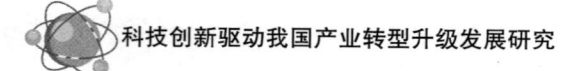

2. 创新的特征

①新颖性。一切创新成果都应该是过去没有的。因此，新颖性是创新最鲜明、最根本的特征。

②未来性。创新的目的是创造现在没有的新事物。因此，创新始终是面向未来的。

③价值性。创新成果都具有普遍的社会价值，包括学术价值、经济价值等。

④风险性。任何创新，包括科技创新都存在失败的风险。

⑤复杂性。在科学技术高度发达的今天，多数重要的创新都不是单一的知识或技术的创新，而是包括多领域、多学科的知识和技术的综合或重组。

⑥累积性。创新只能发生在系统性工作的基础上。一个创新集体或个人都需要在创新上有所积累，才能形成自己的特色。

⑦瞬时性和偶然性。创新思维有时会在某个瞬间出现或被某个偶然事件触发而产生。

（四）科技创新的内涵与分类

1. 科技创新的内涵

科技创新是原创性科学研究和技术创新的总称，是提出科学新思想、新理论、新技术，创造新物质、新设备、新工具等的活动。

2. 科技创新的分类

（1）从科技创新的内容分类

①知识创新，指追求新发现，探索新规律，创立新学说，积累新知识。在知识经济时代，科技创新主要表现为知识创新。知识创新的成果包括原创性成果和创新性成果。原创性成果指经过实践、认识、再实践、再认识或通过多学科交叉研究所获得的新理论、新知识。创新性成果指在前人研究的基础上，再研究产生的新成果。如 X 射线的发现是原创性成果，而用于医疗诊断的 X 光机则是创新性成果。

②技术创新，指与技术有关的创新活动，是从新的技术思想的形成到新产品、新工艺、新设备的研究开发和生产，进而到第一次商业应用的技术经济活动。

技术创新的特征有以下几点：技术创新的要素是思维与工具，创新者的科学思维是通过应用工具来实现的；技术创新是科学的物化，即技术创新的产物是新产品、新设备等实物；技术创新是一种技术经济活动。

技术创新的类型有以下两种：按技术变化的强度分为渐进性创新（如技术改进）和根本性创新（如发明）；按创新对象分为产品创新和过程创新。

（2）从科技创新的发展演变分类

从科技创新的发展演变的角度分析，科技创新可分为以下五种类型。

①科学技术分离型创新。19世纪以前，科学创新和技术创新是分离的，甚至谈不上科学创新。科学理论一般落后于生产技术，技术上的创造主要以经验的积累为基础。

②科学技术渗透型创新。19世纪后，科学与技术之间相互渗透、相互转化、共同发展，实现了技术科学化、科学技术化，这就使得技术创新一般都建立在一定的科学理论基础上。同时，科学理论的发展又紧紧依赖于技术进步。

③从科技一体化到科学先导型创新。进入20世纪三四十年代，一批新兴技术——原子能技术、空间技术、电子计算机技术、激光技术等，则完全是以科学为基础的、以科学为先导的技术。也就是说，在科技一体化的基础上，某些领域的科学创新处于领先地位，引导着技术创新的方向。

④网络型科技创新。20世纪90年代后，创新过程不仅表现为科技一体化的职能交叉过程，而且是多机构的网络联结过程，尤其突出合作企业之间更密切的战略联系。网络型创新必须借助于互联网络，实现跨部门、跨机构的合作创新，并促使企业组织机构发生重大变化，扁平化与柔性化、网络组织、虚拟组织成为新型组织的特点。

⑤集成型科技创新，即大科学、协同创新与技术集成的集合。大科学是针对社会、经济、国防、军事发展的需要，由国家组织或国家委托其他机构组织进行的跨学科、跨组织的协作科技攻关；协同创新是组织之间为整合各种分散的资源，使之充分配合以完成共同目标而进行的科技合作；技术集成是大科学工程和协同创新的集合。科技创新集成既是实现一国科技战略、保持一国科技领先地位的需要，也是一国规避风险、综合利用科技资源，实现科技与经济结合的需要。

二、科技创新的内在系统与外部环境

（一）科技创新的内在系统

科技创新的内在系统包括科技创新的内部构成、运行模式、运行机制以及保障体制等。

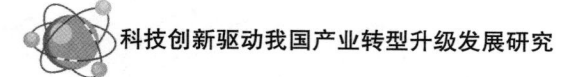

1. 科技创新的内部构成及其关系

从内涵上看，科技创新包括科学创新和技术创新两个方面。学者路雨祥指出，科学创新是技术创新的基础。科学创新认识客观规律，为技术创新提供知识基础，为可持续发展提供科学根据；技术创新则改造世界，创造新的生产力。科学创新是通过科学研究获得新的基础科学和技术知识的过程，解决客观事物"是什么"和"为什么"的问题；技术创新则是通过学习、革新创造新技术、新商品的过程，解决"如何做"和"如何得到满足社会需求的商品"的问题。

从社会变革的角度而言，科学创新是一种知识体系的革新，也是产生知识体系的社会活动的革新，还是文化革新的组成部分，其重大理论突破将导致人们观念更新和思想解放；技术创新将引起生产力水平的提高、经济结构和生活方式的变化，创造巨大的、直接的经济利益。

从作用范围的层次性来看，科技创新又可分为企业科技创新、区域科技创新和国家科技创新。企业科技创新是在企业层面进行的，以市场为导向，以产品为龙头，以提高企业经济效益、增强市场竞争力为目标，通过新技术的开发应用带动企业科技力量的有效集成和科技资源的优化配置，最终实现科技成果的商业化应用。企业科技创新必须与营销创新和管理创新紧密结合，才能真正创造效益。区域科技创新是在一定区域内，依托区域科技创新实力，有效利用区域科技创新资源（如人才、知识、投入），协调区际科技合作与竞争，实现区域创新资源的高效配置与结构优化，促进区域科技创新活动的广泛开展和创新成果的应用、推广及普及，从而创造和发展区域的竞争优势，保证区域经济发展。国家科技创新是从国家战略安全角度出发，由公共部门和私营部门的各种机构组成网络，其活动是为了创造、扩散和使用新知识和新技术。其中，企业是技术创新的主体；高校、科研院所是科学创新源；政府机构是科技创新的推动者和服务者，必要时还担当组织策划者的角色。

以上三者的区别表现为，企业科技创新遵循经济效益导向，侧重于技术的开发和应用；区域科技创新以促进区域内产业升级和经济高质量增长为目标，侧重于培育技术开发、转移、应用及扩散能力；国家科技创新以降低"市场失灵"和"系统失灵"为己任，强调知识的流动是创新过程的关键，更注重知识创新体系的构建。

2. 科技创新的保障体制

科技创新的顺利进行离不开相应制度的支撑。其运行机制本身就带有制度安排的内容，制度创新是科技创新的基础和保障。制度创新的关键是转变政府管理职能，创造有利于科技创新的科技管理体制。从我国科技发展的情况来看，我国科技发展十分缓慢，其原因是多方面的，除了受传统文化和市场缺位的影响外，更在于计划体制下科技制度的根本缺陷。其表现在：科技经费的投入主要由国家财政拨付导致创新投入不足；科技部门被当作可以计划的一个非产业公用部门，导致科技与经济相脱节，使成果转化率较低；科技成果的评价采取专家评审、开鉴定会的形式，缺乏科学性，导致成果判断的主观性过强，缺乏市场检验，这也是成果流产的主要原因；政府奖励制度不完善，导致科研人员注重通过论文发表或专家鉴定以申请奖励，不愿意通过申请专利取得知识产权来获取收益，这也使得政府的科研经费大量用于成果鉴定和申报奖励上，在申请和维持专利方面的经费欠缺，使知识产权大量流失。

因此，我国要加快科技创新步伐，保障科技创新活动顺利开展，就必须从制度上保证政府作为科技创新的"领导者"和"监管人"，而非"参与者"的角色。

具体而言，创新制度应包括以下几个方面。

一是在科技投入方面，其主要来源是企业。政府在涉及基础研究的"公共物品"领域进行投资，在应用研究和开发研究方面以企业投入为主。企业是市场经济的主体，最明确市场的需要，并能结合自身情况进行科技攻关。另外，吸纳民间机构的赞助和支持也是充实科技投入的必要途径。

二是在创新主体方面，其需要由政府主导型向企业主导型发展。尽管创新主体日益呈现多元化趋势，但企业作为科技创新主体的原则不能改变，只有这样，才能有效解决科技与经济发展脱节的问题，优化科技资源配置，促进科技成果转化。

三是在科技成果评定和保护方面，应尽量由市场去判断，并建立知识产权保护制度。这不仅从法律上保护了发明创造者的合法权益，实现发明创造的高风险与高收益的匹配，而且通过界定产权以有效规制产权交易，更有利于与国际接轨，促进国际技术交流及合作。创新产权是一种财产权，只有使资金不断流动，才能使创新产权增值，资金流动的前提是对产权的界定与保护。

四是在科技管理和调控方面，政府的职能是提供基本的竞赛规则，提供市场竞争的框架。对于那些市场需求间接性的公共品或准公共品的研究，不必由政府直接运作，政府只需在该领域投放足够的资金，科学研究的主体仍然是企业，政府可通过委托代理关系得到所需的科技产品。通过界定产权，国有与非国有的关系就从行政授权关系转变为基于产权的民商事关系。因此，政府资助科学研究也应采用市场手段。

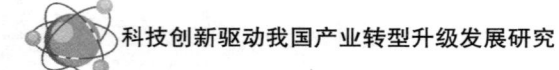

总之，科技创新的保障体制应该是建立适应市场经济的科技管理体制，其改革的总体方向是，建立以政府间接调控为主、以市场交易为导向、以知识产权为纽带、以创新人才的激励和开发为根本，替代以计划为导向、以政府行政管理为主导、以部门所有为中心的科技管理体制。

（二）科技创新的外部环境

科技创新系统的外部环境是与科技创新活动发生联系并相互作用的各种条件和力量因素的总和，它是由多个环境因素相互影响、相互作用而构成的动态系统。一般而言，科技创新环境包括"硬环境"和"软环境"两大类："硬环境"主要包括基础设施环境、自然地理环境、物质技术环境和邮电通信环境等；"软环境"包括社会信用环境、社会文化环境、创新服务环境和法规政策环境等。美国硅谷、英国剑桥、法国索菲亚、印度班加罗尔以及中国台湾新竹等地区的世界著名科技园的发展经验表明，在科技创新的支持环境建设方面，"软环境"比"硬环境"的建设具有更重要、更长远的意义。

1. 社会信用环境

市场经济是一种信用经济，信用是企业乃至整个社会赖以生存和发展的基石。由于市场发育不完善以及企业和个体的信用意识淡薄，我国社会信用环境不容乐观。这主要表现在：企业造假、售假现象严重，假冒伪劣产品泛滥成灾；企业三角债现象突出，商业信用日益萎缩；企业逃避银行债务的现象严重，银行与企业之间陷入信用危机；会计造假事件屡有发生，会计信息失真。

信用缺失是一种短期行为的普遍化，它不仅会给社会经济发展带来严重危害，而且日益成为我国科技创新能力发展的巨大障碍。这体现在两个方面：一是增加了交易费用，延长了交易时间，降低了科技创新体系的运行效率；二是缩小了交易的可选择范围，导致交易萎缩，甚至使交易中断，降低了科技创新资源配置的优化效果。因此，社会信用环境能否得到明显改善，将直接关系到科技创新体系建设的成效。

2. 社会文化环境

社会文化环境直接影响着人们是否有追求创新的热情，人与人之间能否建立起相互信任、相互合作的关系。经济理论也重视社会结构和社会关系对于经济活动的影响，因为创新精神、合作关系、彼此信任等不能轻易地在相互作用中被转移。社会的影响被看作支持经济行为的外部力量。在我国，一些地区由于几千年儒家文化的积淀，已演变成一种利于守旧而不利于进取的文化。

我国沿海地区文化环境发育良好，合作氛围浓厚，一些新产品被企业从国外引进来。在新产品投入市场后，由于区域内的知识技术和信息等要素流动速度较快，区域内其他企业便可以迅速进行模仿和创新。所以，新产品带来的市场利润可迅速被区域内几乎所有的企业分配。企业密切合作、交互作用的结果也有利于区域内自主创新产品的诞生和成功市场化。

3. 创新服务环境

科技创新依赖于市场的推动，取决于创新主体的努力，同时也需要良好的创新服务体系的支持和帮助。创新服务体系由一系列相互联系、相互作用的创新服务机构组成，是多层次、多渠道和多功能的服务网络。我国创新服务机构大体可分为以下五类：①以技术、管理和市场等方面的知识为主体的机构，包括行业协会、情报信息中心等；②科技资源有效流动及合理配置的机构；③促进技术成果转化的机构；④金融服务机构；⑤提供各种评估和认证服务的机构。

4. 法规政策环境

这是指激励和约束科技创新活动的各种具有不同地位和作用的法律、法规、政策整合而成的制度体系。世界上很多国家和地区的政府都通过制定财政金融支持、税收优惠、政府采购、人才开发和知识保护等一系列的法规政策，协调政府、企业、高校和研究机构在科技创新上的合作与互动关系，以不断激发科技创新系统的活力，进而达到增强其科技创新能力的目的。

科技创新的法规政策包括：一是税收优惠政策，用以降低创新各环节的投资成本和投资风险，增加投资者的预期收益；二是政府采购政策，政府通过公共采购政策的安排，创造和增加企业科技创新产品的市场需求，产生科技创新的"市场拉动"效应，使企业在市场开拓期有比较稳定的市场保证；三是人才开发政策；四是知识产权保护制度。

三、科技创新系统与经济系统之间的互动关系

科技创新是经济增长的主要源泉，尤其是在知识经济时代，知识经济的核心是知识的生产、分配和使用，知识的核心是科学技术，科技创新是知识经济的强力支撑，经济发展表现为以科技创新带动的可持续发展。从本质上说，科技创新是整个经济系统的一部分，把科技创新作为一个系统独立出来，是为了更清楚地揭示科技创新与经济增长之间的互动关系。

经济增长主要来源于两个基本条件：投入生产的生产要素量的增加和生产要素使用效率的提高。科学创新由于不直接转化为生产力，只能影响技术创新

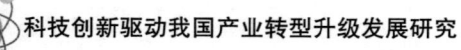

的效果，从而间接影响经济增长，因此，对经济增长有着直接影响的主要是技术创新。从这个意义上来说，产品创新不一定能加速经济增长。发达国家经济增长的事实表明，在工业经济时期，生产过程创新是最主要的技术创新形式，可极大地促进经济增长，而到了后工业经济时期，产品创新是主要的或最重要的技术创新形式，经济增长速度明显放慢。

  总体而言，科技创新对经济增长的推动作用主要通过提高产品的技术含量、增强企业核心竞争力、优化和提升产业结构、熨平经济危机周期等途径进行。在整个经济系统中，产业系统是最核心的部分，经济增长本身就包括了产业系统演进的内容，科技创新是产业系统演进的基础和动力，直接推动着产业结构的优化和升级。

  从产业系统整体演化的过程来看，其演化过程也影响着产业技术体系的发展和技术创新活动。按照产业生命周期理论，在产业诞生阶段，技术创新呈现多样性；在产业成长阶段，主导技术出现，技术走向标准化，技术创新逐渐体现为利用规模经济和降低成本；在产业成熟阶段，创新活动减少；在产业衰退阶段，往往有重大技术创新出现，新技术将取代旧技术。

  总之，科技创新是经济高质量增长和产业结构高度化的关键。要与知识经济时代相适应，各国从企业到区域再到国家，都应该十分重视创新能力的培养和提升，并在市场规律和政府政策的推动下，形成一定地域范围内的科技创新体系。要增强我国的国际竞争力，加快社会主义现代化进程，必须从科技创新的内外部系统的构成要素上，清除阻碍科技创新的影响因素，保障科技创新工作的顺利开展，必须从深化思想认识着手，具体落实各项政策措施，来推进科技创新的快速发展，这样才能走上真正的"科技兴国"之路。

第二节　科技创新驱动产业转型升级

一、科技创新驱动产业转型升级概述

  产业转型升级是一国（或地区）的产业由低技术含量、低附加值状态向高技术含量、高附加值状态转变的过程，主要表现为产业的高附加值化、高技术化、高信息化和高加工度化。其本质是生产要素向高技术层次、更高生产效率的产业集中的过程，也是技术不断创新、新兴产业不断发展并逐渐替代传统产业的过程。在这一过程中，创新驱动起到了至关重要的作用，持续不断的创新是一国的产业保持技术水平持续领先、维持产业高附加值的关键力量。只有掌

握关键技术和核心竞争力，一个国家才能摆脱被动跟随发达国家产业升级和落后产业转移的传统路径，减少对发达国家的技术依赖。

二、科技创新驱动产业转型升级的作用机理

从产品由投入到产出的价值链环节来看，创新驱动产业转型升级的作用可划分为三个阶段：前端创新、中端创新和后端创新。前端创新驱动作用于科技创新投入、新产品设计等基础性投入阶段，主要是提升产业基础性技术水平；中端创新驱动作用于创新要素向创新成果的转化阶段，重点是提高产业创新成果转化效率；后端创新驱动主要作用于市场推广方面，表现为创新成果的扩散和产业化。

（一）前端创新驱动产业转型升级

前端创新是产业技术研发的高投入阶段，由于基础性和原始性的知识和技术创新往往具有较大的难度和风险，而且需要大量研发资金和研究人员的投入，因此对科研知识和基础设施等创新要素禀赋提出了较高要求。前端创新阶段的创新能够使产业各种内外部技术研发资源向基础性知识和科技研究工作聚集，具有较强自主性的产业创新成果有利于突破产业发展的核心前沿技术，从而在产业链上游或前端占据领先优势地位，抢占产业技术体系的制高点。技术或产品的创新还可能推动形成新的产业需求，为新兴产业崛起提供坚实的技术基础。

（二）中端创新驱动产业转型升级

在创新驱动产业转型升级的中端阶段，前期的创新投入要进一步转化为创新产出，技术研发成果的转化和商业化成为重点。此时创新驱动的重点不仅仅是创新要素，还需要相关配套资本等要素的投入。在这个科技成果转化的阶段，先进的科研成果可应用于产业链中端的生产制造环节，有效提高传统产业的技术水平和产出效率。具有较强自主性和原始性的产业创新成果能够形成强大的传统产业转型和新兴产业发展推动力，推动传统产业转型升级进程。这一阶段对科学技术研究成果向现实生产力转化提出了更高的要求，企业成为推动创新驱动产业转型升级的中坚力量。同时，这也对"产学研"联合提出了更高的要求。中端创新驱动要求增强科研院所、高校和企业之间的协同互动机制，构建多层次、全方位的创新驱动产业升级体系。

（三）后端创新驱动产业转型升级

后端创新驱动产业结构升级的作用主要集中于价值链的营销等环节，这是

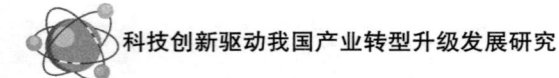

产业技术创新最终应用于社会生活和生产的阶段。后端创新驱动更加注重新兴产业的市场化进程，提高新兴产业在经济中的比重。一个技术或知识的创新结果能否应用于企业生产、促进产业升级，最终需要经过市场的检验。因此，在产业创新的市场推广环节，管理体系、品牌打造等辅助性创新能力也更加体现出其重要性。科技创新成果的产业转化能力较强，有较强的产业市场推广能力，在产业价值链后端掌握核心能力，就会大大促进科技成果的市场转化效率，有利于扩大新兴产业的市场需求，巩固新兴产业的市场领先地位。

第三节　国内外关于科技创新的政策

一、国外科技创新政策

（一）政策支持

国外对于科技发展和科技创新的政策支持主要有以下两种。

1. 政府采购

通过政府直接对高新技术企业的科技创新产品进行采购，可以使科技创新产品有比较稳定的市场保障，高新技术企业开展科技创新的风险得到一定程度的降低，这就直接鼓励并扶持了国内高科技产业的发展。

2. 人才引进

科技创新需要各种类型的高素质创新人才，人力资源是决定在未来国家竞争中能否取胜的关键因素。因而，各国政府都在加大对创新人才的培养与引进力度，都把人才培养、使用与激励作为科技人才政策的核心。

（二）资金与财政支持

重视研发投入是各国促进科技创新的通常做法。科技创新是一种高投入、高风险、高收益的创造性活动，强有力的资金支持是其获得成功的重要保障。近年来，随着国际竞争的日趋加剧，世界各国竞相增加对科技研究与开发的投入。

美国政府高度重视基础研究，增加研究与开发投入，采取税收优惠政策，走自主创新研发的道路，对科研活动免除纳税并对企业技术革新部分的研究与开发费用也采取免税、减税、降低税率等手段，鼓励高新技术企业进行科技研发活动，从而促进和增强了美国企业的科技创新能力。

日本政府提出的"技术立国"也增加了企业的科研投资，从长远来看激发了企业与研究人员的科技创新积极性，这是日本科技发展与进步的一个推动力。日本的税收优惠政策也大大激发了企业科技创新的积极性，同时促进了国外先进技术的引进，加快了日本技术革新的进程。

二、国外科技创新政策的主要特点

从宏观角度来看，发达国家与地区科技发展的政策模式大同小异，运用的政策工具特点也较为明显，即政府主导将科技发展确立为国家发展战略、重视科技投入等。

（一）美国科技创新政策的主要特点

①科技发展的分工明确，政府主要是政策引导。政府在基础性研究和研发经费方面投入巨大，而企业是技术创新主体，大学是知识创新和知识传播主力，国立科研机构是知识和技术创新的补充力量。

②具有明晰的产权制度，尊重和保护知识产权。在美国，"凡是太阳底下的新东西都可以申请专利"，这使得进行发明创造的个人和企业都能够最大限度地保护自己的权益，更愿意以最大的投入从事科技创新工作。

③科技管理完全引入市场机制。在风险投资方面，美国是风险投资发展最早也是当前世界上风险投资规模最大的国家，这得益于美国政府完善的风险投资政策。美国政府提供了行业发展的环境和政策，采用分权型的法律法规以及证券、税收、会计、公司研发治理等规范，重点支持科技型风险企业的开拓与成长，保证中小企业发展的良好投资环境，形成了美国独特的风险投资体制，许多新的市场和企业得以建立。

（二）日本科技创新政策的主要特点

①高效配置研发资源。日本政府在科技创新方面的人力投入与资金投入的有关数据表明，日本创新体系在市场和政府的双重作用下，科技创新资源向科技研发方向倾斜，科技投入结构趋于优化。

②重点推进应用型研发。日本技术创新的成功在于模仿基础创新，日本在大量引进外国先进技术的基础上，经过应用研究和开发研究，逐步实现国产化并形成规模经济。

③集成创新推动"技术聚变"。日本不仅重视技术的引进与消化，而且注重多种技术的集成创新，日本创新体制也十分注重聚变基础上的增量型创新，

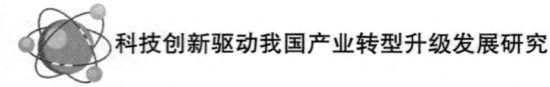

将传统技术与引进技术进行综合、改造，形成广泛的技术体系，并用这些技术体系改造出一个新的产业，在短期内促进技术体系的普遍升级。

（三）欧盟科技创新政策的主要特点

①共同科技政策越来越受到成员国及欧盟整体的重视，研究与开发在社会经济发展中的地位不断提高。欧盟科技政策与社会政策、地区政策具有同样重要的地位，欧盟发展科学技术的目的不仅是单纯地增强欧洲在国际上的产业竞争力，而且应当有助于增加就业和缩小地区差距，通过加强成员国间的社会与经济趋同，实现欧盟的长期可持续发展。

②欧盟的科技活动范围逐步得到扩展，在研究与开发领域的资金投入量也不断增加。随着欧盟科技政策的具体落实，成员国的共同科技行动领域已由传统的基础行业和制造部门进一步延伸至高新技术产业和服务行业。

三、我国科技创新政策

（一）以创新治理进行创新

1. 科技创新的新特征和新趋势

随着新一轮科技革命与产业变革的深化发展，科技创新正呈现出一系列新特征和新趋势，主要体现为以下几点。

第一，现代经济体系中的创新由科技成果——产业应用的线性结合模式向科技创新+管理创新+业态创新+金融创新的"1+X"深度融合模式转变。诸如互联网金融、在线租车等大量新业态、新模式不断涌现出来，向传统管理的边界和方法提出了挑战。

第二，由个别企业、科研院所主导的独立创新向多主体协同创新转变。产业创新联合第三方中介机构、功能性创新平台等都在现代创新行为中发挥了整合资源、组织协调等不可替代的作用，成为创新生态系统之中不可或缺的组成部分。创新管理迫切需要加强对协同创新的关注。

第三，由技术研发者单方面主导的创新向需求侧创新、社会化自组织创新等转变。众包、众筹等市场机制下自发组织的创新模式不断刷新对需求的响应速度，提升全社会的创新效率，也使传统的以研发者需求为单一导向的创新管理方式难以跟上发展步伐。

2. 现代化创新治理的模式和主要特征

现代化创新治理有很多不同的形态和模式，也有一些基本的、共性的特征。

一个国家或地区的创新治理体系和能力是否称得上是现代化,可根据以下特征进行判断。一是看治理的范畴是否包括了以科技创新为核心的全面创新。二是看治理的决策机制是否体现了多元化和公共参与。三是看治理的体制、机制是否有效促进而不是阻碍创新的自组织。四是看治理的政策措施是否综合了市场、文化等多样化手段。五是看治理是否体现了对各类创新人才的充分重视和支持。

3. 创新治理现代化与政府职能转变

当前以"互联网+"为代表的新一轮科技革命所引发的产业变革已成为全球经济的关键影响力,科技与产业、经济的密切联系程度已大大超越了以往时代,科技创新与产业发展领域之间的资源流动、知识交换更加频繁、迅速和深入,迫切需要建立统筹规划、市场导向的科技创新治理新模式。

一是要形成创新治理体系的顶层设计。要在整体区域内综合发展的层面统筹规划科技创新工作,充分发挥各部门的积极性,打破行政壁垒,整体谋划、有序推进科技体制、机制改革。要加强创新政策的系统化设计,强化科技政策与产业政策、财税政策、经济政策及金融政策的协同,强化科技创新战略与城市发展规划的互动,制定具有可操作性的实施细则。

二是要建立既严谨又宽松的创新规制体系。一方面要强化创新法治,在知识产权保护、创新激励等方面,提供有效的法规保障,打消创新者的后顾之忧。另一方面要避免制度提前为创新框定模式、范畴。对于市场、社会自发产生的、具有一定风险性的创新试验,要本着以疏为堵,以引为管的精神,为创新提供自由空间,促使"草根创新"的蓬勃生长。

三是要高度重视培育市场、社会主体创新自治能力。科技创新的新趋势和创新经济遵循的市场规律要求创新治理由集中决策向分散决策转变。当下科技行政的工作重心要进一步向完善创新体系、培育创新生态调整。对于以市场化、社会化模式运作,在创新网络中发挥重要作用、处于关键节点的创新型企业、创新服务机构和创新组织等,政府要主动扶持,帮助它们提升创新管理和服务能力,使它们成为创新治理的重要参与者,形成政府、市场、社会"三轮驱动"创新的良好局面。

四是要进一步拓展多元化治理手段。通过财税、投资、法规、人才、服务、文化等多元化的治理手段相结合,通过法规制定、平台建设等"硬"任务和完善服务、营造氛围等"软"举措相结合,共同完善城市创新生态系统。为此,政府要减少行政手段定向政策的运用,应更加强化普惠性、引导性、需求面政策,增加创新公共服务的供给,注重创新友好环境的建设。要促进财政工具和

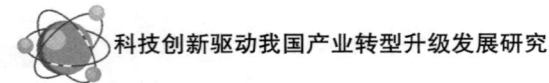

税收工具的协同，处理好"取"与"给"的平衡。

五是要主动融入全球创新网络。全球科技创新中心城市不是孤立存在的，而是在全球区域创新体系的互动、整合中形成的。各地区要进一步发挥开放优势，更加主动地适应科技创新和产业领域的国际主流规则，以高效率的价值实现和无障碍的资源流动来集聚全球创新资源，以世界级的创新和发展环境来吸引全球创新人才，以广泛深入的跨国科技创新交流互动来引领全球创新趋势，从而形成全球的创新高地和关键节点。

（二）坚持系统施策促进科技成果转化

科技成果转化是一个具有中国特色的概念，是指对科学研究与技术开发所产生的具有实用价值的科技成果进行的商业化应用和产业化活动。科技成果转化也是一个系统性难题，涉及企业、高校、科研院所和中介机构等多元主体，取决于市场需求、成果质量、资本支持等多种要素，离不开"产学研"的协同创新和体制、机制的有效保障。

1. 企业是成果转化的主体

企业是技术创新的主体，更是成果转化的主体。基于我国的科技发展实际情况，较为薄弱的企业技术研发能力形成了对高校科研院所的技术研发和服务的巨大需求，现阶段研发和生产尚达不到"无缝衔接"的程度，科技成果仍然存在"转化"这一过程。

我们应清楚地认识到，科技成果能够转化的根本前提是存在潜在的市场需求，转化的对象应从狭义的方面聚焦于应用技术类成果。成果转化承担主体不是高校而是企业。第一，不论何种创新模式，创新链的源头都来自企业产业化需求，终端是企业所追求的商业价值，企业既是研发决策的主体，也是成果应用的主体。第二，高校承载的是人才输出、知识传播的使命，而企业最贴近市场，最了解市场需求，并拥有生产和推销产品的诸多手段，应是实现成果转化的主要载体。

当前，本土企业和产业技术创新能力不强，成果转化的主体尚未真正确立。企业主体尚不具备项目主导、力量组织、资源整合的能力，缺乏一批技术创新的龙头企业，大多数本土企业创新管理水平较低，不能有效实施成果转化的主体功能。重点产业自主技术体系尚未真正建立，核心关键技术对外依存度较高，对科技创新的需求不足。与此同时，高校、科研院所从事成果转化的内生动力依然不足，知识产权归属和收益分配存在障碍，考核导向问题尚未得到根本改观。技术转移服务体系不健全，专业化的科技中介服务机构和人才缺乏。

2. 成果转化是多要素协同创新的过程

根据埃利亚斯·G.卡拉雅尼斯等西方学者提出的四重螺旋创新生态系统，高校、企业、政府、用户作为成果转化链上的重要链条结点，四者之间的要素流动和协同互动是促进成果转化的基本要求。

一是人才的流动。成果转化是隐性知识、技术的流动，而带动主体是人才的流动。人才通过在不同地理位置、专业领域、所属机构、成果类型等方面，采取兼职式、交流式、借调式等形式实现流动。美国斯坦福大学的成功经验值得借鉴。一方面，斯坦福大学很多优秀的教授为硅谷企业的科研项目提供直接帮助；另一方面，斯坦福大学创新多种教学模式，如任命在线教学副教务长统筹协调在线学习的整体工作等，为硅谷的技术人员及管理人员提供进修机会。

二是信息的流动。技术市场通过信息传导机制在供方和需方之间调整技术资源，加快创新反应速度，缩短成果转化周期。信息公开是信息流动的前提，美国麻省理工学院的技术转让办公室就要求除了专利和版权，其科研结果均不允许保密，任何事情必须公开，各院系人员需告知其在公司所从事的所有顾问活动，促进了各种创业活动的开展。

三是资本的流动。从创意形成、商业计划，到产品试验，再到产品生产、市场推广，都需要资本运作。在整个资本流动链上，风险投资、天使基金、创业基金、私募资金、上市融资等元素都在参与创新成果的价值创造和增值。选择合适的资本投资方式十分重要，如美国斯坦福大学附属的创业加速器项目StartX 基金是一种触发式的投资方式，只要能从机构投资者那里获得 30% 资金的公司，就可以得到 StartX 基金的资金注入，这极大地提高了高校在创业方面的影响力。实现人、财、物等要素的合理配置和流动，关键在于市场调节机制。通过供求、价格和竞争机制引导科技资源流向，加快信息传递速度，促进成果转化利益最大化。在其过程中，要注重倡导以终端用户为导向的协同创新模式，搭建功能性平台，构建协同互动网络，实现协同效应。

3. 促进科技成果转化的若干建议

促进科技成果转化，必须破除体制障碍，从实施分类管理、提高主体地位、畅通流动渠道、实现协同效应四方面入手，寻求解决途径。

一是实施分类管理。这是根据创新目的的不同，对创新成果予以区别化的处理方式。第一类是以自由探索为目的、追求社会效益最大化的创新，要加大财政支持力度，创造宽松的科研环境，通过科技报告制度等形式固化研究成果。第二类是以技术商业化为目的、追求经济利益最大化的创新，要改变以往先研发、再转化的创新模式，把市场需求作为创新项目的来源，增强企业技术研发管理能力。

二是提高主体地位。这是加快促进企业成长为创新目标提出、创新资源配置和创新成果转化的主体。支持企业加强研发能力建设，优先在企业设立研发机构，开展创新方法研究、应用和推广工作。加强知识产权保护和标准化工作的开展，鼓励企业主导或参与国际、国内和行业标准的制定，加大知识产权保护力度，培育一批知识产权优势企业。以荣誉引导和激励企业创新，通过各种媒体加大宣传力度，提高社会知晓度，提升企业知名度，引导和激励企业创新。

三是畅通流动渠道。改革科研机构和高校人才评价和聘用模式，建立高校、科研机构与企业之间的人才双流动机制，实现人才资源优化配置。建立信息发布和交易平台等信息交流渠道，使信息流动畅通。推广风险投资、私募股权基金、投资保联动等模式，促进资本市场对成果转化的投入。

四是实现协同效应。建立共性技术服务平台、投融资服务平台和信息共享平台，加大对技术创新联盟、孵化器、工程技术中心等的投入力度，构建系统的科技中介服务体系。构建多维协同创新网络，促使企业与不同的创新合作伙伴，包括上下游企业、相关企业、研究机构、高校、中介机构、政府等，在资源共享、技术合作、信息沟通等方面建立稳定、持久的合作关系。

（三）以需求政策激活创新生态

1. 需求结构影响技术创新与产业变革

需求政策并不陌生，现在变得尤为重要。在面临经济拐点和重大技术产业变革时，已有的创新系统会存在惯性，循规蹈矩，不容易打破界限，承担更多风险。这个时候，塑造国家核心竞争优势，关键是要在全社会形成战略共识，给予市场稳定预期，动员社会广泛力量，催生变革关键动力。

面对重要的科技和产业变革，以往的供给侧政策边际效应逐渐下降。一方面，要着力推进需求政策创新，在战略领域和事关国家竞争力的关键领域凝聚愿景目标，给予市场稳定预期，激发全社会的力量；另一方面，要着力构建创新治理体系，在政府、科技界、产业界和社会公众形成的四方相互博弈的"行动者"框架中，通过多元共治、多元互动，均衡和协调多元利益，以动员全社会的力量。

2. 供给与需求的重构是市场的核心

从线性模式到莫比斯环（创新生态），企业的核心优势来源于其所连接的创新生态的生命力。如果说以往的线性创新模式是一个线性管道（一端是科学研究和企业内部研究，另一端则是用户和等待被攻占的市场）。那么人们脑海中所呈现出来的开放式创新仍然只是管道模型，一端以"产学研"的协同开放为核心，强调企业、产业链上下游各方达成生产者的协同，对挖掘用户需求有了更为清晰的路径和更高的效率，但另一端仍是用户，是等待被开拓和被攻占的市场。

3. 为颠覆式创新做好制度准备

一是要有定力，放松管制。创新政策设计的目标思维是鼓励、支持，而不是界定、排斥。创新活动往往方式随意、多变，易招致怀疑；创新的价值和后果常常是隐性的，多数人，乃至创新者一时也未必能预估其革命性的后果。创新的这种高度不确定性，与传统监管模式易产生冲突，不可能很好地适应基于原有基础制定的监管制度。因此，鼓励创新、支持创新，就应该放松管制，坚决摒弃不适应创新需求的政策与规定。

二是要围绕战略功能愿景，明晰政策预期。加强对未来社会需求的前瞻性把握，提出类似于"把一个人送上月球""信息高速公路"的战略愿景，高效应用技术标准、效能标准等需求侧政策工具，凝聚全社会共识，给予市场稳定预期，催生多种技术路线，多种业态并行发展，引导产业升级发展。

三是探索商业化前采购模式。探索商业化前采购模式，识别、凝聚、整合各种公共需求，以公共需求有效引导科技创新的政策工具，有利于释放市场特别是中小微企业的内在活力。

第四节 科技创新驱动产业转型升级的政策性建议

一、遵循整体布局与重点支撑的方针

（一）加快推动战略性区域创新体系建设

切实推进国家对先导区域，即第一类（经济增长核心区）和第二类（未来发展动力区）战略性区域的重点科技部署。加强国家科技宏观管理，支撑长三角、珠三角、环渤海、长江中下游、辽宁沿海、关中-天水经济带、成渝地区等重点地区的发展。继续推进体制创新，协调国家相关科技计划对区域重大、关键、共性科技问题的解决，以促进区域科技资源集成和技术转移为重点，发挥科技对不同类型地区产业和社会发展的强大支撑引领作用。

（二）根据主体功能区规划可持续发展试验区

主体功能区战略着眼于解决经济开发与资源环境承载能力之间的关系问题。从主体功能来看，限制开发区域和禁止开发区域着重环保功能，优化开发区域和重点开发区域着重经济职能。但二者也有分工，优化开发区域注重经济质量的提升，是全国重要的创新区域，产业结构要向高端、高效、高附加值转变；重点开发区域则注重经济总量的增加和规模的扩大，要承接优化开发区域的产业，并立足本地优势选择适合自身条件的产业和部门。因此，我们建议根据城市主体功能加强创新型城市建设和可持续发展试验区建设。

一是以"突出特色，分类指导"为原则，以推动创新型城市建设为抓手，发挥中央科技资源对优化和重点开发区域创新发展的引领作用。

二是以"科学发展，创新机制"为原则，以民生科技投入和可持续发展试验区建设为抓手，大力支撑限制和禁止开发区域主体功能建设。如大力发展低成本医疗、小城镇使用技术、农村实用新技术等民生科技，推进可持续发展试验区、农村信息直通车等专项工作开展。

三是考虑开设专门针对创新型城市和可持续发展试验区的专项科技计划，并对不同类型的主体功能区域制定专门的监测指标，建立试点地区创新工作实施的差异化考核评价体系。

二、进行战略规划和分类指导

我们建议在细化和落实《国务院关于加快培育和发展战略性新兴产业的决定》过程中，结合不同地区的战略地位、产业基础以及科技、自然资源，统筹协调各地"十二五"战略性新兴产业发展规划，建立会商与决策机制，在产业布局、战略性新兴产业发展专项资金、重大科技专项资金、重点产业化项目、高新园区基地建设、税收优惠以及要素保障等方面采取差异化政策措施。我们建议在国家层面结合相关科技规划、计划，国家区域发展规划，出台"科技支撑国家战略性区域发展战略规划"或指导意见，明确各类战略性区域中科技的定位和作用，加强对区域科技发展的顶层设计和主动布局，分阶段、分类型、分重点地支持战略性区域的发展。其中，重点发挥第一类和第二类战略性区域高新技术产业优势，引领战略性新兴产业加快发展；发挥第三类战略性区域资源优势，依托特色产业，打造优势产业链；发挥第四类和第五类战略性区域地缘优势，使之成为对外科技合作与联合开发的支撑点。

（一）经济增长核心地区

科技资源应重点"推动跨省（市）创新合作与科技资源共享"。随着我国区域经济一体化的迅速发展以及城市连绵带的形成，创新主体的跨省区创新联系迅速拓展，科技资源的区域流动、合作和共享日益频繁，这符合开放式创新模式的网络化发展趋势，也可有效避免区域间科技资源配置的重复建设。因此，以京津冀都市圈、长三角、珠三角为代表的第一类战略性区域应加大对区域科技合作工作的指导力度，鼓励战略性区域内跨省（市）开展科技合作，加强对区域层面的科技战略规划与整体部署，提升区域科技工作的战略定位，开展区域科技发展战略规划，增强对科技资源的宏观统筹与优化配置，实现不同区域创新的共同发展。

（二）未来发展动力地区

我国经济发展不平衡，各区域的产业发展和布局差异较大，对科技资源的需求重点不同。相对于第一类地区（承接国际产业转移中处于价值低端的劳动密集型的加工制造环节，产业发展面临转型升级压力，迫切需要发展依托技术创新，以新能源、轻资产型服务业、先进制造业等为代表的新兴产业），第二类地区呈现出从主要依靠农业、资源和传统制造业，向承接东部地区的产业转移的转变趋势，在科技引领城乡统筹发展、传统制造业升级、依托承接产业提升自主创新能力等方面有强烈需求。因此，对于第二类战略性区域，中央科技资源应通过计划项目的实施和倾斜，对共性的产业承接转移和改造升级予以重点支持。

（三）能源材料富集地区

科技资源应重点"支持产业链建设、传统产业改造升级、清洁能源和可替代性能源的研发"。科技资源推动我国资源型地区转型发展，近期应重点支持传统产业向新型工业的转型升级，包括加大对创新型中心城市的科研投入力度，进行产业链的规划设计和分工协作。

首先，针对龙头企业和支柱性企业在创新链（如"产学研"合作）和产业链（如资金）所需的各种科技资源，进行直接配置或引导社会科技资源向企业聚集。

其次，注重对运用高新技术改造传统产业、发展新兴产业、形成传统产业向新型工业及优势产业自身转型升级的投入，增强城市群中其他城市在新兴产业方面的配套能力，促进产业集群发展。

最后，注重对清洁能源和可替代性能源的研发支持，扩大循环经济规模，加大对可替代性能源的研发投资力度。

（四）少数民族维稳地区

少数民族维稳地区是我国科技资源的洼地，因此，需要提高其他地区科技资源对这类地区的流动与溢出中的使用效率，组织全国科技资源从人才、技术、资金、设备等各方面支援这类地区发展科技，通过开展形式多样的区域科技合作，强化具体产业和科技资源的对接援助。

一是依靠中央财政支持的科技人才、科研院所、高校等，通过"产学研"合作的方式，对企业、产业创新给予支持。

二是依靠中央财政支持的科研基础条件、国家实验室等研发和科普基地，通过开放共享的方式，满足企业、产业的研发需要，并以市场交易环节带动高新技术产品生产加工发展，逐步实现高新技术产业结构的高级化。

三是依靠中央财政项目支持形成的科技成果，通过国家科技计划项目、技术交易市场、技术转移机构或信息服务等方式转移到这类地区的企业。

四是以上海合作组织建设中亚自由贸易区为契机，充分利用新疆维吾尔自治区特有的口岸优势，通过贸易带动战略促进商业新技术产业发展，鼓励经济技术开发（园）区、边境贸易互市区和口岸开展当地优势产业的对外科技合作。

（五）国际合作沿边地区

国际合作沿边地区的经济与科技布局，应围绕国防安全和国际竞争，在优势特色产业、配套产业规划、科技资源配置等方面进行相关布局。

一是充分发挥地缘优势，实施高新技术产业发展的贸易带动和特色化战略，对于边境地区具有特色资源优势的领域，如少数民族的多语言系统、自然能源的开发利用等领域，要在依靠自身优势的基础上，与东部地区进行联合开发，充分借助外部力量推动本地高新技术产业的发展。对于不具备资源优势和特色优势的领域，要充分依托口岸优势，积极扩大对外交流与合作的范围，主要依靠贸易带动本地高新技术产业发展。

二是针对周边如东盟市场和区域自身产业发展的要求，培育特色突出的高新技术产业，如考虑发展适于多民族语言的电子计算机软件和信息服务业，基于现代生物技术的高技术农业，依托本地特色生物资源发展生物医药产业和新能源、新材料产业等。

三是完善区域创新与创业环境，建立特色产业国家级高新技术示范区和出口加工基地，并基于独特优势资源，加强对当地支柱产业的技术引进、开发和推广应用，改良现有产品的功能和质量，提升产品的知名度和美誉度，打造具有区域特色的制造业品牌，在深化国际合作的同时增强对外竞争力。

三、以高新区、特色产业基地为依托

国外发展高新技术产业的经验表明，建立科技发展重点区是中央科技政策推动区域经济发展的一个重要组织方式。在地方科技管理部门开展引导战略性区域的工作时，应充分重视和发挥高新区、特色产业基地等各类创新基地的作用，依托创新基地汇聚创新资源，搭建一批能够长期稳定从事技术研发、产业化和检验检测的系统平台，打造一批具有国家竞争力的企业和产业基地，积极开展创新产品（服务）的试点示范工作，使创新基地成为培育战略性新兴产业的有效载体。针对各地社会经济发展中的重大需求，以重点发展的战略产品和工程为抓手，分解产业链和创新链，实现重点领域创新能力和科技活动组织实施模式的突破。

科技创新和产业化的目标决定了国家高新区领域同时发展技术研发和产业化。我国国家高新区的基本定位是以智力密集和开放环境为依托，着眼于科技创新和产业化，通过改革和政策支持，优化软硬件环境，最大限度地把科技成果转化为现实生产力。

韩国大德科学园区向大德研究开发特区转变的经验表明，科技发展重点区的技术研发和产业化的协同发展，要以千方百计吸引研发力量进入高新区为前提。在大德科学园区，科研机构和企业共同参与到研发和商业化过程中，可以加快成果研发和转化速度。

而我国高新技术企业景气调查结果表明，我国 90% 以上的高新技术企业都是自行研发、自行转化的，高新技术企业与高校和科研机构的合作仍然很少，高校和科研机构在提升高新技术企业创新能力上的贡献有限。因此，未来高新区的发展应在集聚大量高新技术企业的同时，以多种方式吸引研发力量进入高新区，并积极探索高新技术企业与科研机构合作的方式和途径，使高新区企业获得更强大的持续的原始研发能力。我国国家大学科技园的主要任务是转化高校科技成果、孵化高新技术企业，国家高新区的任务是科技成果转化和产业化，可以看出这两类园区的任务前后衔接并稍有交叉。科技园可将小试和中试的成果转移至高新区进一步商品化和产业化，也可让已孵化企业进驻高新区进一步发展。另外，鼓励高新区与高校合作共建科技园，这不仅有利于加速转化高校的科研成果，更有助于双方统筹利益，协同发展。

四、加大对区域性公共平台与项目合作的投入与支撑

战略性区域的划分表现为跨行政区的经济区域特点。因此，建立健全区域性技术创新中心（或基地）、公共服务平台及中介机构，是有效实现区域间科技合作与资源共享的重要手段。中央在这些方面要做好以下几点。

一是通过政策保障、项目拉动、资金扶持等，加快构建区域科技资源共享平台网络。如通过中央科技投入着力建设重点区域科技基础条件共建共享服务平台、大型科学仪器设备协助共用平台、技术转移信息及交易共享平台、科技文献和科学数据共享平台、科技创业与投融资协作服务平台、科技人才交流与合作平台等，推动区域创新资源的流动和共享。

二是支持地方围绕区域共性产业技术创新需求，联合建设区域战略性产业创新研发的重点实验室，行业技术创新平台，"产学研"合作平台，以及包括产品检测、创新创业风险投资引导基金等的创新服务机构，引导和帮助地方建立区域科技资源共享机制，完善公共服务平台管理和运行机制。

三是在区域性公共平台优先布局国家重大科技专项和任务，对开展区域重大产业科技联合攻关、联合施行创新成果推广应用和示范的地区及项目，对开展东、中、西部跨地区的国家重大科技任务与合作项目，应优先予以支持。

五、建立"部区会商"制度助推区域科技合作

当前，科技部已与31个省市开展了"部省会商"工作，实践表明，"部省会商"已成为充分发挥地方积极性、统筹优化国家和地方科技资源的工作平台和有力抓手。为深化区域科技合作、推进地区间的协同创新，要从以下几方面进行考虑。

一是建议将"点对点"的"部省会商"上升为"点对面"的"部区会商"，并将长三角、珠三角、环渤海、秦巴山区等地区作为探索"部区会商"的先行区，以区域优势特色的产业技术需求区域科技合作方式以及体制与机制创新等作为会商内容。在"部区会商"中，结合区域特色因地制宜、分类指导，在强化科技合作的同时，推动形成各具特色的跨行政区的创新体系格局，以及具有国际竞争力的国家级科技创新高地。

二是以"部省会商"落实国家区域发展总体战略，集成国家和地方科技资源，共同解决区域社会经济发展过程中的重大科技问题，避免区域创新体系功能趋同现象。因此，我们要总结地方科技工作的典型经验，促进区域间科技交流与合作，并用"以奖代补"的形式扶持和激励创新意识强、科技投入绩效高、

地方科技工作成绩突出的区域。

三是"省部会商"机制、技术创新工程、区域创新行动等都在积极推进和探索中，我们应进一步探索中央科技资源在支持地方科技资源过程中发挥积极作用的有效机制和有力抓手。

六、多渠道加强区域科技人才队伍建设

人才问题是战略性区域发展（尤其是第四类和第五类战略性区域发展）的首要问题，需要这些地区自身培养，以及多方式和多渠道整合全国的科技资源。

一是建立多层次的人才培养体系。依托当地支柱产业和区域特色高新技术产业，加强高新技术产业发展所需的本地人才培养，合理调整高校的学科领域和结构，做好高新技术产业人才的定向培养工作。

二是用事业、项目和优惠待遇吸引和留住人才。学习西藏自治区挂职干部的经验，激励一批科技、经济和管理人才到这类地区任职，推动高新技术产业发展和产业结构调整升级；采用"请进来，走出去"和调动、兼职、咨询、合作研究以及技术承包、技术入股、投资创办企业等多种灵活方式，鼓励跨地区、跨部门的人才共用。

三是充分利用如"全国科技支援新疆行动专项"合作平台，以项目为纽带，吸引高层次人才、专家来新疆维吾尔自治区进行研发和技术服务。

第四章 科技创新驱动现代产业体系建设

现代产业体系突出了产业发展与科学发展观、转变发展方式以及产业结构优化升级之间的联系,是对"新型工业化"理念的补充和发展。现代产业体系的构建有利于推动产业结构的优化升级,加快经济发展方式的转变,有利于落实科学发展观,促进经济可持续发展,实现全面建设小康社会的目标。科技创新是社会经济发展的决定性因素。加快科技创新是促进产业结构优化升级、构建现代产业体系的迫切需要,是推动发展方式转变、实现科学发展的根本途径。本章分为现代产业体系概述、现代产业体系建设的现状与问题分析——以郑州市为例、依靠科技创新推动现代产业体系建设三个部分。本章主要包括现代产业体系的内涵及理论基础、科技创新对现代产业体系的作用等内容。

第一节 现代产业体系概述

一、现代产业体系的内涵

产业体系是一国国民经济中各产业因各种相互关系而构成的整体,表现为系统性、层次性和有序性。现代产业是指在科技进步的推动下,较多地运用现代科学技术和管理方法的产品、服务、企业和行业的集合。发展现代产业是抢占产业发展制高点、提升产业发展水平、增强产业竞争力的重要途径。

中国人民大学李悦教授认为"现代产业体系,并非一种脱离原有产业形态的新型产业体系,而是在传统产业内融合了包括信息技术在内的信息化和现代化的相关内容,使产业体系有了新的表现形式和运转模式"。信息产业构成了现代产业体系的主要内容,产业体系中只有融入信息技术的内容,才能提高其自动化水平和技术水平,才能对产业体系进行生产方式的改造,信息化与产业结构是改造与被改造、融合与被融合的关系。

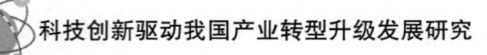

张耀辉认为现代产业体系以知识生产为龙头，以知识转化为基点，以快速反应、快速协调为手段，企业间相互依存程度更高，分工更加细密，信息和物流成为基础，政府充分参与推进国家创新和保护环境与资源的产业。综合有关政府部门和学者的观点，我们认为，现代产业体系是以高科技含量、高附加值、低能耗、低污染、自主创新能力强的产业群为核心，以技术、人才、资本、信息等高效运转的产业辅助系统为支撑，以环境优美、基础设施完备、社会保障有力、市场秩序良好的产业发展环境为依托，并具有产业结构高级化、产业发展集聚化、产业竞争力高端化等特性的新型产业体系。其核心是构造一个现代农业、现代制造业、现代服务业和战略性新兴产业相互融合、协调发展的产业系统，推动经济发展方式转变，实现科学发展和现代增长，构建资源节约型和环境友好型社会。

现代产业体系能够实现三次产业及内部各产业之间的互相融合、协调发展，且能发挥地区的比较优势，产业结构能够随着发展阶段不同而不断优化升级。现代产业体系要求各产业在横向联系上具有协调性，在比例关系上具有均衡性，同时具有较强的相互转换能力和互补能力；在纵向发展上具有完整的产业链，产业具备良好的制度素质、技术素质和劳动力素质；产业结构与消费结构之间能够实现良性互动，产业发展与资源、环境相协调，能够发挥竞争力强的集聚优势。

二、现代产业体系的理论基础

产业是经济活动的基本载体，一个国家或特定的区域在一定技术条件下使所有产业相互联系有机地构成产业体系。现代产业体系是在建设中国特色社会主义进程中"建设现代化产业体系"语境下提出的我国产业建设目标和发展方向。在此之前并没有系统的现代产业体系专门理论，作为伴随我国经济改革实践的现代产业体系的理论基础，学术界仍然处于讨论与研究之中，研究文献还比较少。在广义上，现代产业体系的理论基础是产业经济学基本原理，但是从如何建设和发展现代产业体系这一问题的本质角度来看，现代分工与贸易理论、产业演化理论是现代产业体系理论框架的主要依据。

（一）国际分工理论

产业体系是在特定的技术条件下一个国家或区域的产业及其相互关系的集合，由单个产业构成。产业是社会分工的产物，社会分工深化程度决定了产业体系的复杂程度。因此，建设现代产业体系的基本命题是在世界经济一体化背景下与现代技术特征的国际分工格局和贸易制度下,选择最佳的分工方式形成具有竞争优势的现代产业体系。其约束条件是全球一体化时代背景下的国际贸易制度体系、现代技术条件,目标函数是以竞争优势为基础选择发展优势产业集合,从而实现经济可持续发展。

世界经济体系一体化趋势加快了资源在全球重新配置的步伐。当前经济正在经历着大规模的全球分工格局的转变:世界性产业转移在加快,国际贸易规模在迅速扩大。全球性分工格局的调整表现在两个重要方面:一方面是国际分工的程度进一步深化;另一方面是分工模式发生了新的变化。从产业间全球分工到产业内分工进而发展到企业内的全球性分工,贸易形式相继发生从产品的贸易到产品内贸易形式的转变。现代产业体系内在实质是建立现代国际分工体系上的产业组织体系与产业分布体系,因此分工理论是建立现代产业体系的理论基石。

(二)新贸易理论与竞争优势理论

市场需求是产业发展的动力,在国际分工格局下建立和发展现代产业体系,首先要解决的基本问题是一国以什么方式参与国际分工体系并以什么方式选择国际贸易方式,从而使社会总福利最大化,并得到可持续发展。我们认为新贸易理论与竞争优势理论是构建现代产业体系的理论依据。

(三)产业演化理论

现代产业体系不是从天而降的,仍然需要从原有的产业体系中培育和成长。建立现代产业体系的过程是逐渐在传统产业体系中注入现代元素的演化过程。产业演化理论从产业发展的视角研究产业的演化规律和产业结构的演化规律,是现代产业体系建立途径的理论依据。

产业演化理论借鉴了达尔文的进化论和复杂系统理论的基本思想,假设产业是一个复杂经济系统,产业动态发展是由不同的具有自适应性的产业主体在微观层次上进行交互作用的结果,是一个微观机制作用下的宏观现象,是企业和产业共同演化的过程。

三、现代产业体系的构成

(一)现代产业体系的基本构成形式

现代产业体系主要由先进制造业、现代服务业和现代农业构成,其中高新技术产业与战略性新型产业是现代产业体系的制高点,是产业体系发展的重要

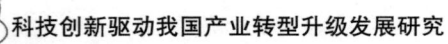

推动力。现代产业体系各构成部分之间不是相互隔绝和彼此孤立的，而是相互促进、相互融合、相互依存的共生关系。

传统产业是高技术产业发展的基础，其发展有赖于对高新技术的积极吸收，改造传统产业是高新技术及其产业发展的主要方向。对传统产业的改造应有效地利用高新技术和先进适用技术，并在选择重点领域的基础上，充分发挥法律、行政和经济手段的作用，依靠市场的积极引导来促进传统产业和高新技术产业的积极融合，建立一种二者相互促进的新型运行模式，以有效地构建和发展现代产业体系。

第一，制造业为生产性服务业的发展提供了先决条件，同时这也是制造业的广阔市场。生产性服务业脱胎于制造业，是产业间分工深化的具体表现，随着全球制造业专业化分工不断深入和发展，生产性服务业推动了制造业的高端化发展。生产性服务业的发展可以提高专业化分工程度、延长产品的生产链条、降低制造业的运行成本，为提高制造业的生产效率提供强大的支撑。生产性服务业还是新技术的重要提供者和促进者，极大地推动传统制造业的高端化发展以及先进制造业的形成。

第二，生产性服务业与先进制造业不断融合，产业界限日益模糊。这种融合更多地表现为生产性服务业向制造业的渗透，很多企业依托制造业拓展生产性服务业。通过企业再造和并购重组等方式，从销售产品发展成为提供服务和成套解决方案，进而实现了从制造商向服务提供商的转型。

先进制造业和现代服务业为现代农业的发展提供了有力的支撑。现代农业是现代工业、现代服务业的基础，现代工业、现代服务业是现代农业发展的前提。先进制造业是推动一个国家工业化的主导力量，特别是对于我国这样的发展中国家而言，制造业是建设和发展现代产业体系最主要的产业基础。由于传统制造业受到资源的约束，转变制造业的发展方式是建立现代产业体系的重要任务。随着当今信息技术的发展，制造业的知识化、信息化、智能化、低能耗清洁生产趋势日益加强，全球制造业的生产模式发生重大的改变，模块化生产方式是制造业内部分工演化的主要方向。其适应了需求的多样性和生产的灵活性，传统制造业在现代先进技术条件、资源约束与市场需求推动下向低能耗、高效益的先进制造业转变。

现代服务业比重不断提高是建设和发展现代产业体系的基本目标。现代服务业在工业化进程中产生，是主要依托现代高技术和现代管理理念、经营方式和组织形式发展起来的服务产业系统。现代服务业的发展，本质上来自社会进步、经济发展、社会分工的专业化需求。现代农业是广泛应用现代科学技术、现代工业提供的生产资料和科学管理方法进行的社会化农业，是现代产业体系不可缺少的构成部分。

（二）现代产业体系的基本格局

1. 基础性产业

基础性产业是在国民经济中处于基础地位、对其他产业及经济活动具有重要制约和决定性作用的产业，是支撑社会经济运行的基础，是为发展社会生产和保证生活供应而提供公共服务的部门、设施、机构的总体，包括生产性基础产业、生活性基础产业和社会性基础产业三个部门。如钢铁、交通、能源等基础产业以及现代农业等。

2. 主导性产业

主导性产业是在国民经济中处于主导支配地位的产业，具有明显的相对优势，产业规模大、产值比重大、产业关联效应强。它的发展能带动区域经济的发展并能推动区域产业结构向更高层次演进。现代产业体系中的服务业是主导产业，服务业可以划分为现代服务业和传统服务业，也可以划分为生产性服务业和生活性服务业，其中现代服务业是主导，生产性服务业是核心。

3. 高竞争性产业

高竞争性产业是市场与技术已经成熟，市场主体间充分竞争的产业。其产业规模较大，但产业关联度较小。高竞争性产业的就业量大、社会影响大、企业数量多、产品涉及面广，是信息化与工业化融合的重要载体，主要包括家电、服装、食品、家具、建材等传统支柱产业。高竞争性产业需要利用高新技术进行改造，以实现产业升级，否则可能面临被淘汰的结果。

4. 新兴潜导产业

新兴潜导产业是产业群体中规模扩张快、技术发展快，高增长而且产业带动力强的产业。它代表新科学技术产业化的新水平，是正处于产业生命周期过程形成阶段的产业，具有很强的创新性和远大的发展前景。新兴高增长产业发展潜力较大，代表未来产业的发展方向，有可能上升为主导产业。潜导产业具有附加值高、技术水平先进、潜在市场扩张能力强、对其他产业具有牵动作用的特征。高新技术产业、信息产业、重大装备制造业、创意产业、动漫产业等可以作为我国当前和未来的新兴潜导产业。

四、现代产业体系的基本特征

国内研究者普遍认为美国等发达国家20世纪80年代以来的产业体系实际上就是现代产业体系，现代产业体系是一个动态的产业系统。相对于发展中国家来说，发达国家现有的产业体系仅仅作为参照，应该具有以下一些基本特征。

（一）现代性

发展现代产业体系本身就内含着现代性特征，它是中国社会主义现代化道路的有机组成部分，又是实现工业现代化、农业现代化、科学技术现代化的核心内容，还是新世纪发展新型工业现代化、城市化、市场化和国际化的必然选择。进入21世纪，中国社会经济的发展正处于新阶段，面对前所未有的机遇和挑战。当今，世界新科学技术革命和产业革命又处在一个新的更为伟大的历史性突破关头，高技术产业全球分工与国际合作向纵深发展。伴随着信息技术发展的浪潮，生物技术、纳米技术正孕育着重大突破，继信息产业之后，生物产业将成为世界经济中又一个新的规模巨大的主导产业，将为解决人类社会面临的健康、食品、资源与环境等问题提供强有力的手段，引发医药、农业、能源等领域的产业革命。

纳米技术及其产业发展将带来材料和微细加工领域新的变革，深刻改变人类的生产方式。新形势下，发展现代产业体系必须面向未来，进一步理清战略思路，明确战略重点和政策导向，加速我国现代产业体系的形成与发展。

（二）创新性

创新性是现代产业体系的动力特征。创新是发展现代产业体系的第一推动力，新型产业体系应表现为产业的科技含量不断提高，主体产业群聚，有充分的竞争性和创新活力。一个完整的创新系统应该包括知识创新、技术创新、制度创新等，以发展现代产业体系为目标，通过多维度的创新来突破产业发展中的瓶颈。

（三）融合性

融合性是现代产业体系的结构特征，也是现代产业发展的基本趋势，这种融合首先表现在信息技术对包括工业、农业和服务业在内的所有产业的渗透和嵌入上；其次表现在服务业对工业、农业的融合和渗透上，现代服务业与制造业、农业的融合已成为产业结构优化升级的必然趋势；最后表现在文化与产业的融合上。

（四）集聚性

集聚性是现代产业体系的空间特征。现代产业体系的形成过程就是产业的空间结构不断调整，产业集聚化，最终形成产业集群的过程。产业集群是指在特定区域中，具有竞争与合作关系，且在地理上集中，有交互关联性的企业、专业化供应商、服务供应商、金融机构、相关产业的厂商及其他相关机构等组成的群体。

（五）国际性

从产业发展的角度看，市场的国际化和生产要素的国际化已成为制约中国现代化产业发展和产业结构升级优化的重要因素。随着经济全球化和全球一体化的逐步深入和加入世界贸易组织后中国的进一步对外开放与加强国际经济技术合作，中国产业、中国经济的国际化已是不可逆转之势。经济全球化一般指贸易、投资金融活动的全球化，表现为世界统一市场的形成与发展，跨越国界、区域、产业的各种投资的增加，全球金融市场的一体化，中国资金流动速度的加快，信息资源的获得日趋方便等。中国现代产业体系的发展面临着生产的全球化、市场的全球化、资本的全球化、科技开发和应用的全球化、信息和传播的全球化以及增强国际竞争力的机遇与挑战，面临着国内市场国际化、国内市场国际化、劳动力要素国际化、资源要素国际化、资本要素国际化、产业技术国际化等众多国际化的机遇与挑战。经济全球化对中国发展现代产业体系是一把双刃剑，一方面，它为发展现代产业体系提供了发展机遇，有利于吸收外资引进先进科学技术和先进管理经验，有利于发挥比较优势开拓国际市场；另一方面，又带来不利和风险，威胁本国的经济安全并在国际交往中被迫面临不公正的竞争机会和接受不平等的利益分配等等。

为此，一方面，我们要认清形势，抓住机遇，适应经济全球化的大趋势，积极参与国际经济技术与合作；另一方面，我们要保持清醒的头脑，坚持独立自主的原则，加强危机防范意识，增强危机抵御和化解能力，切实维护产业安全和经济安全，促进现代产业体系发展。

（六）开放性

开放性是现代产业体系的时代特征，是经济全球化和区域经济一体化的内在要求。新型产业体系应具有高度的开放性，表现在两个方面：一方面是地区的现代产业体系构建应找准当地产业在国际经济体系中的定位，充分利用国外与国内两种资源、两个市场，广泛参与国际分工；另一方面，应站在整体区域

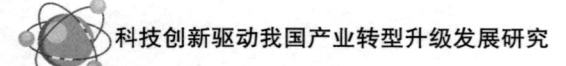

经济发展的角度考虑本地产业体系的发展，形成经济区域内与其他地区之间既分工互补又竞争合作的产业格局。

（七）差异性

差异性体现了现代产业体系的特殊性，由于不同地区的现代产业体系是建立在本地区资源禀赋等比较优势基础上的，因此各地条件不同，其现代产业体系的具体表现形式也不相同。如现代产业体系中各产业的具体比例、不同产业的定位、主导产业的选择等会有所差异。在构建现代产业体系的过程中，各地区应结合本地区的功能定位，充分利用本地区的比较优势，打造具有自身特色的现代产业体系。

（八）前瞻性

中国现代产业体系建设的前瞻性，就是要引领未来，就是要着眼长远，超前部署前沿技术和基础研究，创造新的市场需求，培育新兴产业，引领未来社会经济的发展方向；就是要面向未来，建设创新型国家，实现中华民族的伟大复兴；就是要把自主创新能力摆在全部科技工作、全部现代产业体系建设的突出位置，把自主创新能力的提高作为国家战略，贯彻到现代化建设的各个方面，各个产业、行业、地区和企事业单位中，大幅度增强国家竞争力和综合国力。中国现代产业体系建设的未来性和对引领未来的体现，就是要以我国中长期科学和技术发展的总体目标为目标，到2020年自主创新能力显著增强，科技促进社会经济发展和保障国家安全的能力显著增强，为全面建成小康社会提供有力支撑；基础科学和前沿技术研究综合实力显著增强，取得一批在世界上具有重大影响的科学技术成果，进入创新型国家行列，为21世纪中叶成为世界科技强国奠定基础。

（九）系统性

任何产业都生存、活动于一定的客观环境之中，与外界系统及环境的物质、能量、信息三大要素进行广泛的交换与较量。现代科学技术的发展日新月异，全球化、国际化的趋势加强，出现了综合性很强、现代化程度很高的，结构与组织十分复杂的，相互制约和相互联系的系统。中国现代产业体系就是中国社会主义现代化大系统的分支系统。中国现代产业体系的发展，必须体现系统的特性，体现它不仅是以规则的、相互作用和相互依存的形式结合的对象的集合，如其硬件系统；还必须有一定的指导观念，是全体所依赖以形成的诸概念、诸原理的复合体，如其软件系统或理论体系。它不仅是人造系统，还必须适应生态系统、自然系统，它不仅是目标系统，为实现现代化及建立创新型国家、提升综合国力而采取必要的手段，还是因果系统，一定的输入决定一定的输出，要求不断增加对发展现代企业系统的投入，以实现产业系统现代化、国际化、未来化的目的等。总之，中国现代化产业系统生存于一定的客观环境之中，系统之间存在着错综复杂的相互关系，系统性要求突破区域性、行业性、学科性、时空性的界限，要求现代产业的区域、行业、学科、企业、事业单位与部门都要引进系统原理，建立系统观念，运用系统科学及系统工程的方式和方法，从系统的角度去观察、分析、研究及解决问题。

（十）效益性

经济效益是一个综合概念。现代产业体系的效益性，一方面，要把提高产业、行业的运行效益和经济效益特别是质量和安全放到十分突出的位置，体现国民经济又好又快发展，好中求快、求多、求省、求安全；另一方面，要讲求现代产业体系的综合效益，追求社会效益、环境效益、生态效益、资源效益、产业效益、企业效益及用户与职工效益的统筹兼顾、系统平衡、全面协调。

当前，要把现代产业系统的效益重点放在体现、实施国民经济又好又快发展上，体现发展是硬道理，体现科学技术是第一生产力，放在促进"好"与"快"的辩证统一上，加快转变经济发展方式，完善社会主义市场经济体制。在发展现代产业体系进程中体现效益性要努力实现"三个转变"：一是促进经济增长由主要依靠投资、出口拉动向依靠消费投资、出口协调拉动转变；二是促进经济增长由主要依靠第二产业带动向依靠第一产业、第二产业、第三产业协同带动转变；三是致力于推进产业结构优化升级，坚持走中国特色新型工业化道路，促进信息化与工业化融合，巩固第一产业，做大第三产业，提升第二产业，发展现代产业体系，促进经济增长由主要依靠增加物质消耗向主要依靠科技进步、劳动者素质提高、管理创新转变。

（十一）人本性

人本性即以人为本。以人为本是科学发展观的本质要求。发展现代产业体系的人本性，就是要在现代产业体系的发展中，把人民的利益作为一切工作的出发点和落脚点，不断满足人们不断增长的多方面需求和实现人的全面发展，在产业发展的基础上，不断提高人民群众的物质文明、精神文明和健康水平，就是要在现代化产业体系的发展中，尊重人、理解人、关心人、爱护人，要充分发挥各类人才的积极性、主动性和创造性，既为促进人的全面发展，发挥人的聪明才智和能力创造很好条件，又为全面建成小康社会，实现社会主义现代

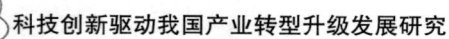

化和中华民族的伟大复兴提供重要保证；就是要在现代产业体系发展进程中，将每人的全面发展与社会生产力、经济、政治、文化、生态和环境持续发展相互促进、相互协调，促使人的社会生活、精神、生态环境得到更大的改善和满足；就是要在现代产业体系发展进程中，把人作为发展的主体，尊重人民群众的主体地位，锲而不舍地发掘人的潜能，发挥人的聪明才智和能力，使人成为现代产业体系发展的根本动力，树立正确的人才观、人本观，创新是人的本能，既要尊重人人可以创新、人人能够创新、人人能够成才，以激活人们的创新意识和成才理念，又要树立人才存在于人民群众之中的理念，尊重劳动、尊重知识、尊重人才、尊重创造、促进创新、促进发展、促进成才；就是要在现代产业体系发展中处理好眼前利益与长远利益，企业利益、行业利益与产业利益、区域利益，产业或区域利益与国家民族利益、人民群众的具体利益和根本利益的关系，谋求人的全面发展的理想和现实的统一。

（十二）可持续发展性

可持续性是现代产业体系的标志性特征。现代产业体系通过高新技术改造传统产业，调整和优化产业结构，体现了循环经济的理念。高质量、高效益和低消耗、低污染是现代产业体系可持续发展的必然要求。现代产业体系强调与生态环境的协调，在加快发展现代服务业的同时，力争做到制造业所提供的产品全寿命周期少污染和无污染、资源低耗及可回收和循环利用，用最小的资源代价和环境代价来保持经济的快速发展。

可持续发展是从中国国情出发的必然选择，是21世纪中国发展战略的必然选择，是中国实现现代化"三步走"发展战略的发展与深化，是实现经济、社会、人口、资源、生态、环境互相协调、全面进步的根本保证。中国现代产业体系的可持续发展性，要把实施经济、社会和人口、资源、环境的协调发展作为现代产业体系，实现可持续发展的核心是把控制人口、节约资源、保护环境放在重要战略地位，重视环境保护，努力节约资源，做好人口资源环境工作。实施可持续发展，必须控制人口增长，提高人口素质，必须合理利用资源，必须保护生态环境，重视生态文明建设，为全面推进生态环境保护和治理提供强大的物质基础。同时，要建立现代产业体系的可持续发展的基本对策体系，要按国际可持续发展新动态推动中国现代产业体系的可持续发展，借鉴国际可持续发展的新趋势，以树立新可持续发展观，建立新的可持续性生产和消费方式，创新可持续发展的合作机制。要为加快节约型社会建设提供物质保证，要按发展循环经济的要求发展现代产业体系并为促进循环经济的推进提供现代装备，要为不断增强可持续发展综合国力做好一切工作,并加大对发展生态力的投入。

以上现代产业体系特性是一个由无数相互联系、相互依赖、相互制约、相互作用的事物和过程所形成的统一整体。人本性是根本,现代性是关键,未来性与可持续发展性是核心,国际性是关系,系统性是条件与基础,效率性与效益性是目的。这些特性构成现代化产业体系现代系统,相互依存、相辅相成,共同促进中国现代产业体系的生存与发展。

五、构建现代产业体系的保障系统

(一)观念保障

1. 构建现代产业体系是个复杂的系统工程

现代产业体系不仅涵盖国民经济体系的多个行业,涉及行业间的各种经济、物质的关联,而且产业体系与外界环境和系统存在广泛的交换和联系。这种组织严密的系统和复杂的结构要求决策者、政策制定者以及执行者都要树立全局观念,运用系统科学和系统工程的原理和方法,从系统的角度来思考、观察、分析和处理问题。

2. 构建现代产业体系需要长期工作

现代产业体系的构建不是一蹴而就的,而是一个不断调整、提高和改善的长期工程。这就要求,一方面,在出台规划和制定政策时要注意目标的阶段性以及动态适时调整;另一方面,要把构建现代产业体系作为社会经济建设协调发展的中心工作,长期不懈地努力。

3. 构建现代产业体系需要有战略眼光

当今世界,科学技术日新月异,新产品、新技术层出不穷,国际化和区域一体化趋势加剧,现代产业体系的建设面临市场国际化、生产全球化、资源要素和技术国际化的机遇和挑战。产业竞争已不局限于一国内部和区域内竞争,更多地表现为产业链竞争和产业国际竞争,而且竞争有日益加剧的趋势。为此,适应国际产业发展趋势,面向未来,以先进国家优势产业发展为标杆规划产业发展和建设现代产业体系是必要的。

4. 构建现代产业体系需要加强反思和认识

构建现代产业体系要认识到现有产业体系存在的问题。如产业结构与经济规模的偏差、就业结构与产业结构的偏差、外资技术结构与产业结构的失衡、

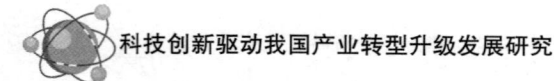

产量规模与品牌缺失的矛盾等。要反思传统产业体系的弊端，传统的粗放式经济增长方式的弊端，这样才能有的放矢。

（二）体制保障

1. 加快行政管理体制改革

转变政府职能，建设公共服务型政府。减少对微观经济活动的干预，把政府职能定位在为市场主体服务和创造良好发展环境上。开展新一轮行政审批制度改革，减少和规范行政审批事项，进一步扩大地方政府社会经济管理权限。积极推行"网上审批"和"并联审批"，完善行政审批电子监察系统，并在乡镇一级推行省重点项目电子监察系统，支持部分地级市设立创新审批方式试点。

继续推动政府机构和事业单位改革以优化政府结构、减少政府层级和增强行政效能，推进大部门制改革。推进政务公开，增强政府公信力，提高公共政策制定透明度和完善信息发布制度。提高公众对重大政策和改革的参与度并加强公众对政府的监督。实行行政问责制，改进行政复议和行政诉讼制度，完善政府绩效评估制度，以增强政府公信力。

2. 深化投融资体制改革

深化投资体制改革，出台政府核准投资项目目录，出台政府鼓励和限制产业发展目录。建立省重点建设项目"并联审批"制度，最大限度地缩小核准范围，下放核准权限。健全政府投资管理机制，稳步推行非经营性政府投资项目代建制。进一步规范和优化投资管理程序，提高投资效率。制定省市现代产业500强项目和其他重大项目专家评议制度，以及项目公示和责任追究制度。制定投资政策执行年度考评制度，将考评结果与下一年的项目安排、资金使用挂钩。

加快财税体制改革，优化财政支出结构，加大对欠发达地区产业发展建设的投入力度，促进各区域协调发展。加快建立公共财政体系，改革和完善税收制度，扩大增值税征收范围，相应调减营业税等税收，合理调整消费税范围和税率结构，制定有利于现代产业体系建设的税收政策。

第二节 现代产业体系建设的现状与问题分析——以郑州市为例

一、郑州市现代产业体系建设的现状

（一）郑州市产业发展基本情况

2014年，郑州市全年完成生产总值6 783亿元，比2013年增长9.5%；人均生产总值73 056元，比2013年增长7.5%。其中第一产业增加值149.5亿元，增长3.1%；第二产业增加值3 771.1亿元，增长10.2%；第三产业增加值2 862.4亿元，增长8.8%。其中，交通运输、仓储和邮政业增加值385.7亿元，增长3.8%；批发和零售业增加值502.1亿元，增长8.6%；住宿和餐饮业增加值213.0亿元，增长6.2%；金融业增加值574.0亿元，增长16.7%；房地产业增加值301.2亿元，增长3.3%；营利性服务业增加值348.7亿元，增长8.8%；非营利性服务业增加值537.8亿元，增长8.9%。非公有制经济完成增加值4 138.4亿元，增长9.6%，占生产总值的比重为61%。

1. 第一产业结构

2014年郑州市全年完成农、林、牧、渔业增加值149.5亿元，比2013年增长3.1%，具体分项情况如表4-1所示。

表4-1 2014年郑州市第一产业结构基本情况

项目	产量（万吨）	与2013年比较
粮食	162.00	−3.70%
棉花	2 217.00	+8.70%
油料	16.20	−6.90%
蔬菜	286.30	−4.90%
水果	28.80	−3.50%
肉	26.70	+1.90%
蛋	22.80	+1.20%
水产品	15.20	−2.10%
奶产品	49.00	−1.90%

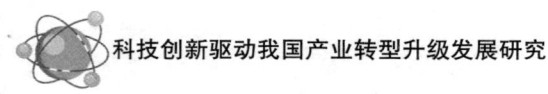

2. 第二产业结构

2014年郑州市全年全部工业企业完成增加值3 349.8亿元，比2013年增长9.8%，具体分项情况如表4-2所示。

表4-2　2014年郑州市第二产业结构基本情况

项目	增加值（亿元）	与2013年比较
规模以上工业企业	3 094.00	+11.20%
国有企业	663.30	+1.90%
集体企业	34.00	+11.70%
股份制企业	1 358.30	+11.00%
股份合作企业	6.30	−3.20%
非公有制工业	2 258.10	+13.00%
高技术产业	409.10	+23.90%
七大主导产业	2 155.30	+13.20%
建筑业	421.30	+14.00%

3. 第三产业结构

① 2014年全年郑州市交通运输业各种运输方式完成货运周转量537亿吨公里，比2013年增长1.8%。

② 2014年全年郑州市完成邮电业务总量213.6亿元（按2010年不变价计算），比2013年增长16.4%。

③ 2014年年末郑州市全市民用车辆拥有量达到291.9万辆，比2013年增长14.4%。

④ 2014年全年郑州市实现旅游总收入892.6亿元，比2013年增长11.4%。

⑤ 2014年全年郑州市全市保险公司保费收入277.9亿元，比2013年增长25.15%。

2014年郑州市第三产业结构的分项具体情况如表4-3所示。

表4-3　2014年郑州市第三产业结构基本情况

项目		增加值	与2013年比较
交通运输业	铁路	199.90亿吨公里	−7.90%
	公路	332.40亿吨公里	+8.40%
	航空	47 139.00万吨公里	+20.00%

续 表

项目		增加值	与2013年比较
邮政业务	邮政	40.00亿元	+37.10%
	电信	173.60亿元	+12.50%
	移动电话用户	1 310.40万户	+4.90%
	互联网用户	207.80万户	+1.90%
旅游	国际旅游	45.10万人次	+2.70%
	国内旅游	7 720.90万人次	+10.70%
保险业	财产险	96.60亿元	+21.30%
	寿险	155.70亿元	+24.90%
	健康险和意外伤害险	25.30亿元	+42.10%

（二）现代化农业总体保持增长趋势

农业现代化，一般认为是指用先进的科学技术、现代化的物质装备、科学的经营管理方法来武装农业，利用现代生产要素、以高度市场化方式和现代产业组织模式建设农业生产经营的涉农产业体系，挖掘农业生产潜能，推动农业持续发展，以取得良好效益的过程。其目的在于增强农业综合生产力，增加农民收入，缩小工农差别和城乡差别，营造一个良好的生态环境，以实现可持续发展。

①经过多年的发展，郑州市农村居民人均收入从2014年的15 470元上升到2019年的35 942元，居河南省第一位。2019年郑州市第一产业——农业同比增长2%，主要农产品产量保持稳定。

②农业基础设施建设取得了长足进步，农业机械化程度不断提高，新发展环城都市生态农业10万亩。

③农村经济结构不断调整和完善，建设高标准"菜篮子"生产示范基地1万亩，农民就业及收入明显增加，人们的需求也变得多样化，绿色农业、生态农业、观光休闲农业、创汇农业都有了一定的基础。

④农业科技得到推广，普及了农业基础知识和机械化作业技能，提高了农业从业人员的素质。

⑤建立农业产业化示范园区，建成第三批都市生态农业示范园。

（三）以现代工业为主导的产业结构进一步优化

郑州市已经形成工业门类比较齐全，配套设施比较完备的工业体系，2008—

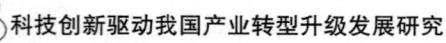

2012 年工业总产值连续增长，轻工业和重工业产值均有所增加，重工业产值所占比重均超过 60%，2011 年和 2012 年甚至接近 70%，轻工业比重较小。2019 年，全市规模以上工业增加值同比增长 7%。2019 年，全市建筑业产值同比增长 16% 左右，增加值增长 9% 左右，培育特级资质 1～2 项，百亿级建筑企业达到 8 家，50 亿元以上总部型建筑企业达到 18 家。

（四）现代服务业较快发展

郑州市地处中华腹地，是我国第一人口大省河南省的省会，是我国公路、铁路、航空、通信兼具的综合性交通通信枢纽和物资集散中心，是新亚欧大陆桥上的重要城市，对周边省市具有较强的辐射能力。1997 年，郑州市成为全国商贸中心改革试点城市；2003 年，其又被定为"中原城市群经济隆起带"的核心城市；2013 年 8 月郑州市被国务院正式批复成为国家历史文化名城、我国中部地区的中心城市、全国重要的工业基地、科教基地和综合交通枢纽。2016—2017 年河南省正式提出，要把郑州市建设成为国家中心城市，国家发展和改革委员会也发文明确支持郑州市建设成为国家中心城市。2018 年，郑州市制定建设国家中心城市三年行动纲要；2019 年，国务院确定郑州市为国家中心城市；2020 年，郑州市把牢"一个方向"，贯彻落实黄河流域生态保护和高质量发展、中部地区崛起、对外开放三大国家战略，加快国家中心城市建设，加快形成更高水平的高质量发展区域增长极。

在"2019 河南民营企业现代服务业 100 强榜单"中，郑州市有 18 家民营企业被选入，榜单中排在第一位的就是"郑州中瑞实业集团有限公司"。这些都说明郑州市已经具备了发展现代服务业的良好经济基础，也形成了多层次、多元化的新型服务格局，具有优良的投资环境。

二、郑州市构建现代产业体系面临的主要问题

（一）第三产业比重小

发达国家城市经济三大产业序列是"三、二、一"，第三产业在经济中处于主导地位，一般占产值 70% 以上。例如，在 2006 年国际城市竞争力排名中，纽约市城市竞争力排名全球第一，其第三产业的比重达 89.3%；英国曼彻斯特曾是著名的制造业中心，如今其服务业增加值占 GDP 比重已超过 70%。郑州市的三大产业结构序列是"二、三、一"，第三产业的比重仅占 40% 左右，与世界一流城市的差距还很大。

（二）新兴工业相对落后

郑州市具有比较优势的产业中，传统工业占有很大比重。一方面传统工业虽然现在仍有较大产出能力和带动效应，但传统工业产品市场逐步转向买方市场，行业生产能力过剩，盈利能力下降，甚至造成亏损；另一方面传统产业能源消耗大，郑州市的能源相对匮乏，传统工业污染严重，不利于郑州市城市环境建设。传统工业强大而新兴工业落后不利于郑州市的产业结构调整和未来经济的持续发展。

（三）从业人员文化水平不高

郑州市劳动力市场上对于高中和大专文化水平的劳动者需求量最大，同时高中和大专文化水平的劳动者供给量最大，大学本科以上文化程度劳动者的供给和需求人数，在劳动力市场中所占的比重都很小，劳动力市场处在低端平衡的状态，高水平人才流失。

（四）对外技术依存度比较高

目前，有的高新技术产品产值由企业自主研究开发所产生，有的高新技术产值由来源于国外及港澳台地区的技术所创造。高新技术出口产品中，有的出口产品是由来源于国外或港澳台地区的技术创造的，对外来技术的依存度相对较高，而具有自主技术开发能力的企业所占比重较低。

（五）高素质技术人才的短缺

在当前劳动力总量依然过剩的情况下，郑州市的技术人才依然非常短缺。在郑州市，大专以上文化程度人口占总人口的比例远远低于美国、日本、韩国的水平，技术工人占从业人员总数的比例偏低，技能人才缺口较大，而高素质的技术人才更加缺乏。

（六）跨国公司的挑战与威胁

"并购"作为近几年外资进入国际市场的新方式，很多地方和企业都接受外资的这种进入方式。在众多跨国公司频繁的并购活动中，科技人才的流失现象不容忽视。跨国公司在当地设立研发机构，汇聚了一大批优秀的科技人才，这就使研究机构和企业面临着更加激烈的人才竞争。自然，郑州市的科技创新之路将受到来自跨国公司的挑战与威胁。

第三节　依靠科技创新推动现代产业体系建设

一、科技创新对现代产业体系的作用

（一）优化升级产业结构

要对产业结构进行优化和升级，就是要提高产业技术水平，促进高附加值的产业发展，而要进行产业结构调整、产业演化的动力就是不断创新和发展科学技术，用创新成果推动产业发展不断升级、技术水平不断进步。产业技术创新活动也能促进产业创新成果的吸收和融合，促进产业化、商业化的创新成果转化，使得创新成果能够更好地适应市场需求，加快社会经济发展速度，不断扩大产业规模。决定生产技术水平的科技创新不仅直接影响传统产业的改造、新兴产业的成长、落后产业的衰退，还通过影响需求变动、贸易方式和其他要素的供给，间接地促使产业朝着现代化的方向演进。

（二）体现现代产业体系的特征

现代性和创新性是现代产业体系区别于传统产业体系的根本特征，只有具备强大的科技创新能力、稳固的产业发展要素，才能构建现代产业体系。建立在科技创新基础上的开放的现代产业体系，能促进产业区域间生产要素的合理流动，培育和发展具有竞争力的产业。现代产业体系中的信息技术和服务不断融合和渗透在三大产业的发展过程中，也加强了产业、行业部门内部和部门之间的相互联系，提升产业结构的整体效益。现代产业体系的集聚性，也不断调整产业的空间结构，产业发展形成规模化，最终形成产业集群发展。可持续发展的现代产业体系，体现出高质量、高效益和低消耗、低污染的产业发展特征，协调产业发展与生态环境的关系，才能充分发挥产业资源优势。

（三）促进现代产业体系形成

在现代产业体系形成的诸多因素中，科技创新起着主导性和决定性作用。科技创新决定着产业结构的演进进度，影响着产业体系的发展趋势，能够加速产业的分化、改造、整合、创新，使产业结构升级的周期大大缩短，加速产业结构和产业体系的形成和升级。

科技创新通过发展高端技术，在资源投入、企业生产、产品消费的全过程中，依靠生态型资源循环发展。也从根本上变革传统经济增长模式，在各经济生产系统内部及不同生产部门之间以互联的方式进行物质和能量的交换与传递，实现物质和能量最大限度地利用，减少污染的排放，从而获得与自然环境相协调的发展途径。

通过科技创新，可以推进产品结构的升级，增强产品竞争力，改造传统产业，推进传统产业的技术创新或产品升级，或是直接发展高科技产业，促进科技成果的转化，缩短科技成果转化的周期。从整体上看，我国产品和服务的知识含量和技术含量偏低，在国际市场上缺乏国际竞争力，加大科研经费的投入就成为政府宏观调控的重要方面。科技创新对现代产业体系的作用最终是通过推动产业结构升级和产业组织变革来实现的。

（四）现代产业体系反作用科技创新

1. 创造新的科技需求

现代产业体系对科技创新的发展产生需求拉动，即现代产业体系的形成会提高人们的生活水平，增加他们的物质和精神需求，会带来更大的市场空间，创造出更多的产品需求，这就必然激励厂商去生产出更多的合乎需求的新产品，以获取更多的利润。新产品的研发，需要结合现有工艺和技术进行创新和改进，这就出现发明创造和技术进步，也有的产品需要全新的技术，这就需要企业进行研究和开发方面的投资，激发科技人员的研发创造性，促进科学技术的创新。

2. 提供科技创新环境

科技创新环境是科技创新发生和发展所必需的社会文化和制度环境。现代产业体系的形成带动教育、文化等上层建筑的发展，从而增强了人们的创新意识和创新能力。现代产业体系的形成也可以为科技创新的基础设施建设提供资金，提供高素质人才等，从而为科技创新创造一个良好的商业运行环境和风险控制机制。

二、依靠科技创新促进现代产业体系构建的实现路径

（一）塑造创新主体

现代产业体系构建中的科技创新，主要是指使国有企业、科研院所进行改革并成为具有多元化产权结构的现代企业，扶植中小型民营企业加入科技创新群体，塑造科技创新的微观主体。企业作为现代产业体系的创新主体，主要体现在如下三个方面。

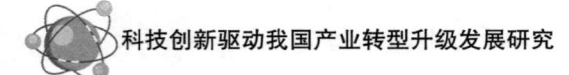

1. 研发投入

企业要进行改革和创新，关键是要对研发进行必要的资金投入和智力条件投入，作为企业创新的物质基础，越是科技含量高的企业，投入研发的费用会越多，这样才能推动科技创新，取得创新成果。

2. 技术创新活动

科技创新活动的主体应该是现代产业体系中的企业，企业要从内部和外部两个方面进行。

①企业内部。积极推进科普知识的宣传和教育，培养企业中的具有综合素质的高科技人才，对人才进行多层次、多方位的培训。

②企业外部。这主要是指企业与相关领域的科研单位和大学之间建立合作关系，利用企业最接近市场的优势，进行"产学研"三方联动，增加企业的科技创新需求，依托科研单位和大学的知识优势，构建现代产业体系。

3. 创新成果的应用

科研单位的科技创新成果，只有经过企业的有效应用，才能真正转化为社会产品，才能实现科技创新的真正价值，才能把停留在研究、试验阶段的科技成果通过企业的生产转化为产品和服务。因此，科技创新成果的应用主体必然是产业体系中的企业。

（二）塑造创新体系

科技创新协作机制是连接研究开发、成果产业化等环节的内在激励机制，是企业与高校、科研机构之间的协作关系。企业是科学技术的创造者和应用者，企业通过各种方式把科研机构和高校紧密联系在一起，既促进科研单位的科技发明和创造，又有效利用学校的理论知识，使得理论联系实际的原则得以充分贯彻实施，塑造起科技创新体系，推动高新技术转化为现代产业，优化现代产业体系的构建。

（三）培育创新能力与创新意识

企业通过自主创新能力和创新意识的培育，才能增强其市场竞争力和产业技术创新能力。企业的这种创新意识既要依靠自身的经济技术，还和社会经济新环境有着密不可分的关系。完善社会创新环境，建立由独立的技术研发机构、社会技术咨询中介服务机构、风险投资与融资机构，同企业自主技术研发机构一起组成的，既有分工又有合作的社会化协作创新体系，是培育企业家的创新能力与创新意识,推动企业自主创新,增强企业自身发展能力的关键。

(四)转变政府运行机制

企业是创新的主体,政府是政策的制定者,我国政府机构对经济发展与资源配置具有强大的影响力,要从根本上转变政府运行机制,提升社会经济发展质量,协调社会经济更快发展。这就要求我们转变产业发展模式,转变政府在产业发展中的角色和职能定位,合理配置社会经济资源要素,制定科学有效的税收政策、专利政策和融资政策等有利于科技创新的政策,加大对科技企业和科技创新的投资力度,科学重构政府绩效考核体系,强化政府的公共管理与社会服务职能,增强政府的服务能力,为企业自主创新打造高效的社会环境。

(五)努力提高科研成果的转化率

1. 改革科研管理体制

要提高科研成果的转化率,就要调动一切相关科技人员的积极性,改革科研管理体制,使得企业与科研机构、高校能更加紧密联系,以市场为导向形成对科研经费的合理利用和投入机制,加大对取得科研成果的科研人员的奖励力度,使科研成果尽快转化为生产力。

2. 缩短与市场的距离

科技成果能够有效转化的关键是要以市场的需求为依据,缩短科技成果与市场的距离,转变科技投入与产出的科技创新观念,重视创新成果的转化和推广,增强成本和效益观念,增强创新成果的市场竞争力。

(六)注重产业机构的协调发展

科技创新能转变社会经济发展的方式,进而调整现代产业体系和结构,不同的产业类型其科技创新转化为现实生产力的途径就有所不同,因此要针对不同的产业类型,采取与之相适应的科技创新方式,平衡、协调和可持续推进经济发展方式的转变,以满足取得明显新进展的要求。

与科技融合发展的产业,可分为以下三种。

① "以科学为基础的技术"引领的产业。这种产业是以信息通信、新能源与新材料为主的高新技术产业,主要以创新成果转化直接催生新产业,这个产业体系中的产品科技含量高,多采用新技术。

② "以技术为基础的科学"引领的产业。这种产业主要是以机电产业、能源产业、材料产业等传统优势产业和支柱产业为主，是当时社会经济发展的主导与支柱产业，是基于用户需求的集成创新、引进整合的再创新。它们引领产业发展的主要方式是通过改进产品、工艺或流程，促进现有产业的升级改造，以延长产品的生命周期，提升产品的生产技术水平，增强产业竞争力。

③为上述两类产业提供重要支持的基础性产业。

第五章　科技创新驱动战略性新兴产业建设

战略性新兴产业已成为当今世界经济发展的引擎,是国际产业竞争的新领域。以科技创新为核心驱动战略性新兴产业的建设与发展,是促进经济发展、产业结构升级的重要工具。本章分为战略性新兴产业的概述、特性与意义,科技创新与战略性新兴产业建设,我国战略性新兴产业建设的现状,我国战略性新兴产业发展的思路四个部分。本章主要内容包括战略性新兴产业概述,战略性新兴产业的意义,科技创新驱动战略性新兴产业的发展与建设等方面。

第一节　战略性新兴产业概述、特性与意义

一、战略性新兴产业概述

(一)战略性新兴产业的概念

从战略性新兴产业的字面含义来看,需要界定"新兴产业"和"战略性产业"两个概念。首先,"新兴产业"是从产业发展阶段来界定产业的,是指正处于产业生命周期曲线中诞生阶段的产业。波特将新兴产业定义为新建立的或是重新塑型的产业,其出现原因包括科技创新、相对成本结构的改变、新的顾客需求,或是因为经济与社会的变化,使得某项新产品或服务具备开创新事业的机会。布兰克认为,新兴产业是充满未知性的产业,通常由一个新的产品或创意所形成,处于发展的早期阶段,存在大量的不确定性,如对产品的需求、潜在的增长潜力以及市场条件都不确定,而且没有原有的轨迹可循。战略性新兴产业的另外一个关键词是"战略性"。赫希曼将主导产业与战略产业视为同一概念,

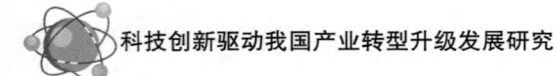

指出战略产业是对经济发展起带头作用的先导性产业部门。

我们认为，战略性新兴产业的"战略性"所包含的经济学性质主要体现在以下两个方面：一是产业所基于的主导技术的未来性和突破性，这决定了主导技术的投资具有长期性和不确定性，因而需要更加耐心地投资以及更加多样化的高强度的学习和探索；二是产业所面对的现实的和潜在的市场需求规模巨大，这决定了战略性新兴产业的发展绩效涉及一国发展的深层次经济利益。

（二）战略性新兴产业的内涵

我国2010年10月10日发布的《国务院关于加快培育和发展战略性新兴产业的决定》正式将新能源、新材料、生物、节能环保、新一代信息技术、高端装备制造和新能源汽车确定为我国七大战略性新兴产业。2010年10月18日中国共产党第十七届中央委员会第五次全体会议通过的《中共中央关于制定国民经济和社会发展第十二个五年规划的建议》将这七大战略性新兴产业确定为未来我国社会经济的主导产业和支柱产业。这是我国中央政府从长远出发做出的全局性新兴产业的战略规划。

基于国家推出的战略性新兴产业的发展规划，我们对于战略性新兴产业的内涵有如下几个观点。

①战略性新兴产业是指基于新兴技术，科技含量高，出现时间短且发展速度快，具有良好市场前景，具有较大溢出作用，能带动一批产业兴起，对国民经济和社会发展具有战略支撑作用，最终会成为主导产业和支柱产业的业态形式。

②战略性新兴产业应当首先是主导产业，而且是前沿的主导产业。其不仅具有创新特征，而且能通过关联效应将新技术扩散到整个产业系统，能引起整个产业技术基础的更新，并在此基础上建立起新的产业间技术经济联系，带动产业结构转换，为经济增长提供新的潜力和可能性，从而推动经济进入新的发展时期。

③战略性新兴产业在国民经济中具有战略地位，对国家安全产生重要影响，且有可能成为未来国家经济发展的支柱产业。

④战略性新兴产业可理解为在国民经济中具有战略地位，对社会经济发展和国家安全具有重大和长远影响且必须具有能够成为一个国家未来经济发展支柱产业可能性的产业。

⑤根据我国国务院文件，战略性新兴产业是指以重大技术突破和重大发展需求为基础，对经济社会全局和长远发展具有重大引领带动作用，科技含量高、

物质资源消耗少、市场潜力大、综合效益好的产业，是引导未来社会经济发展的重要力量。

（三）中国战略性新兴产业分类

中国国家统计局在2018年11月7日公布了《战略性新兴产业分类(2018)》，列出了中国的战略性新兴产业，这些产业将在未来成为经济发展的核心动力，也是经济产值最大的领域。这次的分类适用于对"十三五"国家战略性新兴产业发展规划进行宏观监测和管理；适用于各地区、各部门依据该分类开展战略性新兴产业统计监测工作。

中国定义的战略性新兴产业覆盖了九大领域，分别是新一代信息技术产业、高端装备制造产业、新材料产业、生物产业、新能源汽车产业、新能源产业、节能环保产业、数字创意产业、相关服务业。

①新一代信息技术产业。其主要包括：下一代信息网络产业、新一代通信网络设备（5G）、电子核心产业、新兴软件和新型信息技术服务、互联网与云计算、大数据服务、人工智能。像我们熟知的华为、中兴、中芯国际、阿里巴巴、百度、腾讯、浪潮、小米等企业都属于这个产业。

②高端装备制造产业。其主要包括：智能制造装备产业、航空装备产业、卫星及应用产业、轨道交通装备产业、海洋工程装备产业。

③新材料产业。其主要包括：先进钢铁材料、先进有色金属材料、先进石化化工新材料、先进无机非金属材料、高性能纤维及制品和复合材料、前沿新材料以及新材料相关服务。

④生物产业。其主要包括：生物医药产业、生物医学工程产业、生物农业及相关产业、生物质能产业、其他生物业。

⑤新能源汽车产业。其主要包括：新能源汽车整车制造、新能源汽车装置、配件制造、新能源汽车相关设施制造、新能源汽车相关服务。

⑥新能源产业。其主要包括：核电产业、风能产业、太阳能产业、生物质能及其他新能源产业、智能电网产业。

⑦节能环保产业。其主要包括：高效节能产业、先进环保产业、资源循环利用产业。

⑧数字创意产业。其主要包括：数字创意技术设备制造、数字文化创意软件开发、设计服务、数字创意与融合服务等。

⑨相关服务业。其主要包括：新技术与创新创业服务（研发服务、检验检测认证服务、标准化服务、知识产权及相关服务、其他技术推广服务等）、其

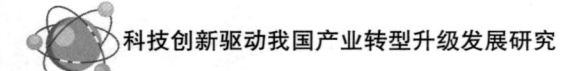

他相关服务（航空运营及支持服务、现代金融服务）。

从公布的产业及其细分行业内容来看，我们可以清楚地把这九大产业归结为再生性能源（包括节能环保）、互联网信息技术、数字智能制造（包括新材料）及生物制药产业四个方面。这与新工业革命方向是一致的，说明我们发展战略性新兴产业不光是中国现行的产业体系与产业结构优化升级的需要，而且是能够抓住未来产业革命的方向，通过战略性新兴产业的战略引领作用，能够使中国现行的产业体系转型升级到新型产业体系与结构状况，使之在未来的国际产业分工中占有好的位置，具有真正的国际竞争力。

（四）战略性新兴产业发展的价值链

从全球来看，区块链应用场景已基本实现了从最初的数字货币和矿机制造向金融服务的延伸，目前正在向供应链、数字版权、食药可追溯等多领域持续渗透，在政策、资金和市场的多重推动之下，未来产业发展动力充足。

1. 不同价值链环节依赖要素不同

战略性新兴产业与其他所有的产业一样，都有一个投入—产出的过程，一个产业的投入—产出的过程是其价值增值的过程。产业的典型价值链分为信息收集和分类、研究和开发、适量生产、生产试销、生产线安排、装配和市场开发共七个环节。由于产业价值链的各个环节的投入—产出特点不同，所要求的生产要素相差很大。其中，产业价值链的下游环节（如加工装配、市场开发）较为依赖劳动力，于是就呈现劳动密集型倾向；价值链的上游如信息收集和分类、研究和开发环节比较依赖知识或技术要素，所以呈现知识或技术密集型倾向；而中间环节的生产线安排等则依赖资金的投入，所以呈现资金密集型倾向。而且，这样的价值链由于其每个价值环节依赖的生产要素不同，因此不同价值链环节的附加价值的分布也是不同的，其分布状态就是"微笑曲线"。

2. 不同价值链环节创造价值不同

"微笑曲线"表示了目前所有产业普遍存在的实际状态。即价值链上游的研究和开发新增价值最大，一般可以占到所有新创造价值中的60%；制造环节创造的价值最少，为所有新创造价值的15%；下游的市场开发环节的新增价值也相当可观，占比可以高达25%，如在信息技术产业中就是如此。"微笑曲线"的背后实际上是价值链的各环节所依赖的核心生产要素的质的不同和价值的不同。从而由这些不同的生产要素整合所创造的价值也不同。战略性新兴产业虽然从总体上看是面向未来的，具有引领作用和成长较好的产业，但从其投入—

产出过程来看,它依然有完整的价值链和价值链的七大环节,它同样服从于"微笑曲线"。目前,在一个产业的价值链已经全球分布的条件下,名义上我们也是在发展战略性新兴产业,但可能我们只是从事战略性新兴产业价值链上的一个环节,而且是一个附加价值少的环节。

中国的工业化起步于产业链与产业价值链全球分布之后,发达国家把处于产业链与价值链低端的劳动密集型产业转移出来时,我们接受了产业转移,并且逐步把制造这一环节做到了世界第一。然而,今天中国的劳动力成本大幅度提高,建立在劳动密集基础上的产业与产业价值链环节已经开始大幅度减少,收入下降、资源消耗、环境问题日益严重,使我们这样的工业化不可再持续。所以,新一轮战略性新兴产业发展不再走这一道路。这一道路不能使我们成为未来产业的领导者,更何况我们已经进入知识经济时代,核心生产要素是创造性知识。我们需要跨越式发展战略性新兴产业,所谓跨越式发展战略性新兴产业,就是要从这些产业价值链的高端位置入手发展,而不是从来料加工、加工组装等简单的制造入手。

3. 产业价值链高端识别

我们以生物医药产业为例,说明如何进行产业价值链高端识别。生物医药产业既有生产者驱动型的特征,又有购买者驱动型的特征。因此,掌握了高端生产技术与核心专利的主导企业和掌握了销售渠道的企业就占据了产业价值链的高端环节。我们把生物医药产业价值链简单分为四个主环节:医药研发、医药产品生产制造、医药流通与交换、医药产品销售。每个环节上都存在着高端和低端。总体而言,医药研发是整个产业价值链的高端。

其中,基础性研究原始性创新处于最高端,实验室阶段的中试和小试技术水平相对较低、相对低端,这一部分标准化的环节已经可以外包,即研发服务外包。

在医药产品生产制造环节,对技术水平要求较高的药物有效成分的提取、纯化等处于价值链的高端;而加工制造、包装等技术水平较低,处于价值链的低端。在医药流通与交换和医药产品销售环节,掌握了分销网络就掌握了对流通环节的控制,就占据了价值链的高端,一般物流和交易环节则处于价值链的低端。

可见,名义上是发展生物医药产业,但很可能依然是在进行简单的医药生产加工,仅仅是技术含量比较高的劳动加工。所以不能简单根据产业的名称是否是战略性新兴产业,来判断我们是否进行了跨越式的发展和创新驱动转型发

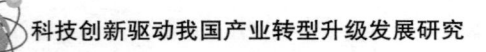

展,更不能以此作为政府支持该产业或企业发展的依据。政府应该以有限的财力支持真正在战略性新兴产业的高端进行开拓性发展的产业与企业。

二、战略性新兴产业的特性

（一）战略性

这是指其关系到国民经济命脉，是支撑国家经济安全乃至政治安全的基础性产业，因此具有极为重要的战略地位。战略性新兴产业已成为当今世界各个国家重点扶持的对象，发展战略性新兴产业是我国增强国家综合实力和国际竞争力，抢夺世界科技创新领域主动权的必要手段。

（二）全局性

这是指其关系到社会经济发展全局，能够有力地促进国民经济发展与产业结构升级，有效增加就业机会，提高人民的收入水平和生活质量，维持社会和谐稳定。战略性新兴产业体现了国家战略需要，其不是一般的产业概念，而是为了解决重大而紧迫的社会经济发展问题，抢占未来发展制高点而科学选择的特殊产业。

（三）创新性

这是指技术创新和商业模式的创新。前者指战略性新兴产业大多是基于新兴技术的高新技术产业，是高新技术产业的高端和前沿部分，体现世界产业发展趋势，并在未来具有广阔的提升空间和突破的可能性。后者指创新的产业组织形式、企业组织形式和经营管理方式应体现未来发展趋势，即打破陈规，向国际先进模式看齐。

创新是战略性新兴产业的内源驱动。战略性新兴产业既没有定型设备和标准体系，也缺乏显性需求和配套政策，无论是技术工艺还是产品市场，都需要从头做起，特别依赖创新驱动：一是依靠重大技术突破；二是需要体制与机制变革；三是要求商业模式创新。

战略性新兴产业还具有鲜明的"新兴性"属性，主要表现在战略性新兴产业需要以重大科技突破为发展前提，密集应用大量前沿技术，同时产业发展的技术路径和市场前景都具有高度的不确定性，具有高收益与高风险并存的典型新兴产业特征。

（四）先导性

一方面，战略性新兴产业通常是知识密集型和技术密集型的产业，因此具有较强的市场竞争优势和稳定的市场需求，具备高附加值、低碳环保以及低耗能的特点，具有引导和增加市场需求的潜力，为国家带来长期效益。对社会发展的贡献具有持续性。另一方面，战略性新兴产业具有极强的拓展性、延伸性和渗透力，能够迅速带动一批关联产业的发展，同时，能通过较强的渗透和辐射作用带动传统产业完成产业改造升级，成为未来的主导产业。

作为着眼未来、超越传统的新产业形态，其深度融合新兴科技和新兴产业，体现先进生产力的发展方向，是引导未来社会经济发展，推动人类文明进步的重要力量。一是引领发展趋向；二是代表科技前沿；三是引导转型升级。

（五）动态性

从时间上看，战略性新兴产业具有鲜明的时代特征。在不同的历史时期、科技和经济发展的不同阶段，战略性新兴产业的内涵和外延均不相同。从空间上看，不同区域、不同国家在资源禀赋上存在差异，加之受历史文化、政策和社会习俗等因素的影响，对战略性新兴产业的选择有所不同。因此，战略性新兴产业具有动态性的特征，其发展能够根据科技进步、时代变迁和环境变化做出调整。

（六）成长性

战略性新兴产业具有良好的经济技术效益和长远盈利的特征，产业成长性强，在市场需求、增长速度、经济效益等方面大大超出行业平均水平，发展前景远大。一是市场空间大；二是发展速度快；三是综合效益好。

三、战略性新兴产业的意义

（一）实施国家创新驱动发展战略的必然选择

战略性新兴产业是以重大技术突破和重大发展需求为基础的知识技术密集型产业，具有创新驱动性强的突出特征，创新是其发展的重要驱动力。创新能力强及辐射带动力强使战略性新兴产业成为引领未来社会经济发展的先导力量。因此，培育与发展战略性新兴产业是实施国家创新驱动发展战略的重要途径。

当前，发达国家持续增加研发投入，加速培育战略性新兴产业，抢占全球

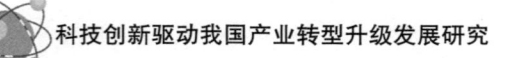

创新技术与产业链的制高点。我国虽然已经具有一些战略性新兴产业发展的基础，但与发达国家相比，我国产业自主创新能力不强，在核心技术、产品市场、创新创业政策等方面都与发达国家存在较大的差距。面对国际竞争压力，我国应依照发展规划，有计划、分阶段地加快推进战略性新兴产业的培育，使其快速成长为国际经济发展的支柱产业，成为国家新的竞争优势，从而推动创新型国家建设。

（二）实现经济增长方式转变的迫切要求

我国正处于新旧经济增长方式转变的关键时期。经济增长方式转变就是把传统的、粗放的、污染的经济增长方式转变为现代的、集约的、生态的经济增长方式。传统粗放的、主要依靠劳动力和资金驱动的经济增长方式不可持续，它难以保障资源配置效率。因此，我们必须迅速培育新的经济增长点，实现经济增长方式的转变。战略性新兴产业是技术密集型和资源节约型产业，有利于形成新的产业发展空间和创业空间，有利于促进就业与提供新产品，有利于提高供给效率和资源配置效率，从而成为转变经济增长方式和促进产业升级的重要路径。

（三）实现可持续发展的重要战略选择

我国正处在快速工业化、城镇化的进程中，资源稀缺、环境污染、人口老龄化等因素阻碍了我国社会经济的可持续发展，迫切需要培育更多依靠人力资本和技术创新来提高资源配置效率的新产业，以此来支撑未来社会经济的发展。战略性新兴产业具有创新驱动和人力资本驱动的特征，符合新产业的要求。培育和发展战略性新兴产业，有助于建设资源节约型和环境友好型社会，实现可持续发展。

第二节　科技创新与战略性新兴产业建设

一、科技创新与第三次工业革命

（一）三次工业革命的分期

近年来，国内外关于第三次工业革命的讨论不断升温。杰里米·里夫金的《第三次工业革命》，彼得·马什的《新工业革命：消费者、全球化以及大规模生产的终结》等著作以及英国《经济学人》杂志的专题报道《第三次工业革命：

制造业与创新》都引起了各国政府与学者的广泛关注。工业革命通常是指这样一种经济现象，即工业部门内出现持续的大规模技术创新，这不仅使全社会的劳动生产率产生了前所未有的增长，而且使社会生产的组织形式发生了根本性的变革。尽管对于第三次工业革命的内涵、特点和趋势还存在着争论，但一个不争的事实是，以现代科技为依托的先进制造技术已日趋成熟并正在得到广泛应用，这将在很大程度上改变制造业的要素组合和生产方式，并导致全球生产格局的调整，进而对国家间的产业竞争优势产生重大影响。

关于工业革命的分期有着不同的观点，对于第三次工业革命的研究也存在着分歧。杰里米·里夫金将作为工业革命基础的新能源与新型通信技术的结合视作分期的标准。第一次工业革命起源于英国。蒸汽机的发明和广泛使用，以及煤炭的应用和印刷技术的普及，机器大生产取代了手工作坊，极大地促进了社会财富的增加。第二次工业革命始于20世纪的前10年，电信技术和燃油内燃机的结合使人类进入了大规模生产的时代。目前正在进行的第三次工业革命则建立在新能源与互联网有机融合的能源互联网基础之上，能源互联网与数字化制造的结合将为未来的低碳化经济和个性化生产开辟广阔的前景。《经济学人》则以生产方式的变革作为分期标准。第一次工业革命导致机器生产取代了手工制作；第二次工业革命，流水生产线的发明和应用使规模化生产成为主流的生产方式；方兴未艾的制造业数字化正在推动第三次工业革命。建立在人工智能、纳米材料和互联网基础上的制造技术变革将颠覆传统的生产方式，大规模生产将让位于小批量、个性化的生产。当今世界正处于新科技革命的时代，一些重要科技领域显现出革命性突破，第三次工业革命已经初现端倪。

（二）第三次工业革命的新特征

持续的科技进步为第三次工业革命奠定了坚实的基础。第三次工业革命并不是制造技术的局部突破或者某些生产设备的重大更新，它是制造业综合技术进步的集中体现，在快速成型、人工智能、纳米材料、清洁能源等关键技术领域不仅发生了一系列革命性的技术变迁，不同领域的重大技术之间也在相互影响和深度融合，使先进技术的产业化应用逐渐成熟并不断完善，推动着制造业的整体性变革。与前两次工业革命相比，第三次工业革命表现出了一些新特征，其核心特征是工业化与信息化的深度融合，从工业文明向生态文明的转型，这主要体现在以下几个方面。

1. 生产工艺数字化

传统的生产工艺是将原材料切割成各种零部件，然后组装成最终产品，而

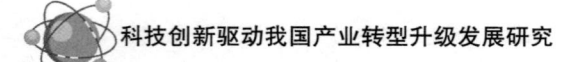

第三次工业革命中的生产工艺变革则简化了复杂的制造流程，实现了从产品设计到制造的数字化。以 3D 打印技术为例，它通过电脑软件设计出产品，并借助计算机辅助设计程序对产品数据进行处理，形成数字切片，其原理类似于将一个立体物品切成薄薄的切片，最后通过"分层加工、叠加成型"的添加制造工艺，快速生产出成型产品。

2. 制造过程智能化

智能制造技术是推动第三次工业革命发展的关键技术之一，引领未来制造业的发展方向。随着人工智能、机器人等技术的不断成熟，未来工业的自动化生产线将由新型传感器、智能控制系统和工业机器人所操控。这不仅能够增强生产过程的稳定性，具有人工智能的控制系统还能够感知和检测生产系统的情况并全方位监控其生产过程，对所有产品进行严格的质量管理，使产品瑕疵和质量缺陷降到最低。制造过程的智能化将极大地节约劳动力，但对劳动者的素质提出了更高的要求。

3. 工业日趋绿色化

自人类进入工业文明时代以来，社会生产力获得了极大释放，但随之而来的资源能源消耗和生态环境恶化对可持续发展也构成了严峻的挑战。随着各类环保技术、节能减排技术的突破，以及资源回收与再利用的循环经济模式在工业领域的广泛应用，环保因素和资源效率正在重塑现代工业的生产制造模式，以低能、低排和低污染为特征的绿色制造已经成为第三次工业革命的一大亮点。

4. 新能源应用网络化

新能源与互联网技术的结合所形成的能源互联网将从根本上改变现有的能源利用格局。第二次工业革命时期的能源利用以电气化为特征，在特定的地区集中发电并通过大型电网进行分配。随着第三次工业革命的推进，分布式发电技术能将每一座建筑物转化为微型发电厂，就地收集和使用可再生能源；储能技术的发展和能源互联网的搭建，使建筑物生产的富余能源得以储存并通过能源互联网实现共享；陆地交通运输工具也将转向插电式交通工具以及燃料电池动力汽车，还可以通过共享电网平台完成汽车的充电。能源互联网有利于解决人类面临的能源问题，并推动经济的可持续发展。

（三）第三次工业革命对全球制造业生产方式的影响

1. 生产制造模式的转变

在第二次工业革命初期，以福特为代表的大规模生产方式使工业生产的规模经济效应得到了充分发挥，尽管这种生产方式能以相对低廉的价格满足主流市场需求，但由于产品系列相对单一，难以满足消费者的个性化需求。随着日本经济的崛起，以丰田公司为代表的大规模定制生产方式开始大行其道，它利用柔性生产系统实现产品的模块化设计和精益生产，最终以合理的价格为偏好不同的消费者提供功能和结构有一定差异的产品系列。而在第三次工业革命中应运而生的可重构制造系统和快速成型技术则能够满足更加个性化的市场需求。可重构制造系统自身就具有模块化的特点，通过对生产设备构件的重新组合，能及时调整制造系统的工序、工艺和产能，迅速生产出功能和结构有较大差别的产品系列。而快速成型技术的普及则能满足极端个性化的消费者需求。大规模定制和个性化生产相结合的新生产模式既可以实现批量生产带来的成本节约，又能使消费者享有更加多样化的产品选择。

2. 生产组织方式的转变

在传统的生产模式下，企业将产品的制造过程进行分解，由不同的生产工序完成不同的零部件生产，最后进行产品组装，这一系列复杂的生产流程必须依托开阔的工厂来完成空间布局。第三次工业革命推动的3D打印技术与互联网的结合，使产品制造能够摆脱空间的束缚。企业根据用户需求设计出产品原型，并通过互联网在全球范围内采购零部件，同时获取其所需要的各类协作服务，最终完成个性化定制和社区化生产。这种基于互联网的协同生产模式实现了社会制造网络的无缝链接，使生产组织方式从工厂式的集中生产过渡到网络化的社会生产，大大缩短了传统制造业的产业链，提高了生产效率。

3. 产业组织形态的转变

在大规模生产方式下，大企业成为产业组织形态的主体。众多的中小企业依附于以大企业为核心的全球产业链，在特定的地理空间上形成产业集群。随着个性化定制和社会化生产的不断发展，分散合作式的商业模式将变得更为普遍，产业组织形态也将发生相应的变化。

二、第三次工业革命与战略性新兴产业发展

第三次工业革命的提法源于两位经济评论家。一位是保罗·麦基里，他在2011年的《经济学家》杂志上发表了一系列的文章，认为新材料与新能源结合应用的产业形势将成为未来产业形态的主导。另一位是著名经济学家杰里米·里夫金，他在其著作《第三次工业革命》中系统阐述了自己关于第三次工业革命的观点，认为第三次工业革命不仅限于新能源和新材料的应用，还广泛包括生

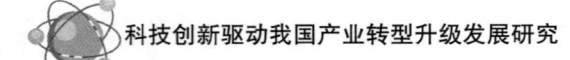

物医药、航空航天等多种新兴产业的共同发展，更重要的是由信息技术提供的智能关联平台，将所有制造产业紧密相连、信息共享的全新生产方式的变革。

无论是哪一个经济学家的观点更接近于未来产业发展的事实，从历史经验来看，凡是当经济资源使用走向枯竭的时候，生产要素结构均衡将被打破，新的廉价生产要素将会胜出，对新技术的需求应运而生。当前世界经济的发展亟须改变原先的发展模式，而新材料、新能源以及日臻成熟的信息技术的广泛应用都为新产业革命提供了必要的条件。因此第三次工业革命已经近在眼前了，战略性新兴产业的发展与建设也迫在眉睫。

除了在理论上出现了大量第三次工业革命和新一轮科技革命的研究之外，在现实中世界各国也兴起了以知识密集型、绿色低碳型为主的产业发展潮流，这些产业表现出相对于传统产业或生产方式不同的显著特征，成为危机过后新一轮产业革命的主导力量，也昭示着未来产业发展的主流方向。

国外虽然没有完整的战略性新兴产业的提法，但却一直依靠市场和政府的作用在践行、培育和发展着战略性新兴产业，在诸多领域已经取得了良好的效果，在技术储备、市场开拓、产业体系的建构等方面占尽先机。其发展态势代表了国际趋势，其前车之鉴已是后事之师，并且显示出比之前历次工业革命更大的科技应用需求，需要各领域学科的交叉融合，对一国的工业和科技基础提出了较高的要求。不仅如此，新兴产业由于技术上的突破较大，对工业生产模式、消费模式进行改造，因此其发展还将受到来自制度、市场、文化等不同方面的挑战，显示出较高的发展不确定性。全球范围内新兴产业发展的这种不确定性的影响逐渐显现，发展格局和趋势也初步明朗。

三、科技创新驱动战略性新兴产业的发展与建设

（一）科技创新是战略性新兴产业建设的核心

创新是引领发展的第一动力，是增强综合国力与提高社会生产力的战略支撑，我们必须把创新摆在国家发展全局的核心位置，把创新贯穿于党和国家的一切工作中，抓住科技创新这个关键点，推动以科技创新为核心的全面创新。科技创新的成败，在很大程度上决定着我国发展战略的成败。因此，必须始终把科技创新摆在战略性新兴产业建设的核心位置，重塑我国发展竞争的优势。中国的执政哲学和施政理论，认同生产力决定生产关系、经济基础决定上层建筑。在中国社会的基本矛盾与发展的战略机遇期没有根本改变的背景下，科技创新处于核心地位。

（二）大力增强企业发展战略性新兴产业的主体地位

企业是发展战略性新兴产业的主体。企业要加大对技术创新的投入力度，建立由企业牵头的工程化平台和产业技术创新联盟，完善"产学研"相结合的联合攻关体制，增强企业自主创新能力。

（三）坚持科技创新与实现产业化相结合

信息技术创新带动信息网络产业发展，信息技术在智能交通、电网改造、无线城市中的渗透作用十分突出，在手机阅读、移动支付、网络电视等方面新业务不断拓展。我们要促进创新驱动发展，还要加快新技术、新工艺的研发应用，大力发展先进制造业。制造业是国民经济的主要支柱。我国是世界制造大国，但还不是制造强国。因为，我国制造技术基础薄弱，创新能力不强；产品以低端为主；制造过程资源、能源消耗大，环境污染严重。发展先进制造业，对我国来说意义重大。只有大力发展先进制造业，我国才能从制造大国发展成为创造大国，才能实现经济发展方式的转变。

（四）体制与机制创新是根本

推动体制与机制创新，最根本的是建设市场经济、法治政府和包容社会。一是要建设市场经济，就是要对市场经济的产权制度、交易制度与监管制度这三大全球公认的支撑制度，进行大胆探索和改造，只有市场经济才能激励创新；二是要建设法治政府，就是对依法治国目标体系涉及的体制、机制与制度进行提升，只有法治政府才能充分保护创新；三是要建设包容社会，就是要形成宽松和谐、包容共享的人际关系与社会氛围，只有包容社会才能孕育创新。

第三节　我国战略性新兴产业建设的现状

一、我国战略性新兴产业总体发展形势

战略性新兴产业作为科技革命和产业变革的方向，作为培育发展新动能、形成未来竞争新优势的关键领域，受到广泛关注。近年来，在国家政策的大力支持下，在政府、科研机构、企业和社会各界共同推动下，我国战略性新兴产业实现蓬勃发展，部分领域取得突破性进展。

2019年以来，在国内外困难、风险、挑战明显增多的情况下，中国经济运

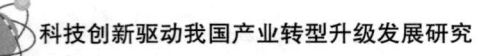

行总体平稳，经济结构持续优化，发展质量持续提升，这离不开战略性新兴产业的引领和支撑作用。

（一）强大国内市场支撑企稳反弹

2019年前三季度，在强大国内市场带动下，战略性新兴产业实现率先企稳回升。国家统计局数据显示，前三季度，工业战略性新兴产业增加值同比增长8.4%，增速快于同期规模以上工业2.8个百分点，较一季度末和上半年分别回升1.7和0.7个百分点。国家信息中心调查数据显示，战略性新兴产业行业景气指数和企业信心指数自2017年下半年以来出现回落，但是2019年前三季度均实现了企稳回升，两项指数环比分别增长0.8%和1.4%，其中市场需求指数和订单指数环比分别回升4.4%和8.8%，表明战略性新兴产业发展总体态势趋稳，发展潜力不断释放。

（二）重点领域释放产业发展新动能

一方面，这得益于国家政策的调整完善，节能环保、新能源、城市轨道交通等产业实现了快速回升。节能环保和新能源上市公司2019年前三季度营业收入增速分别达到15.3%和25.2%，比上半年营业收入增速提高了11.0%和12.1%，大大超出上市公司总体7.9%的增速。2019年前三季度，城市轨道车辆产量增速达到30.8%，实现了高速增长。另一方面，大量新技术、新产品的市场需求持续释放，前三季度3D打印设备、服务机器人、智能手表、平板电脑等产品产量分别增长157.6%、145.7%、84.5%、33.0%。新一代信息技术产业上市公司在外需不振的背景下，依靠深耕国内市场，营业收入增速从二季度的5.1%回升到了三季度的5.7%。创新产品的产业化速度加快和强大国内市场支撑是当前战略性新兴产业实现率先回升的主要原因。

（三）规模增长转向质量效率优先

2019年，战略性新兴产业不仅实现增速回升、信心回暖，产业发展的质量效率也在明显提高。从发展效益来看，1～8月，战略性新兴产业重点行业利润总额超过万亿元，同比增长5.8%。其中，工业部分利润总额增长4.9%，保持了平稳较快增长。从发展活力来看，在战略性新兴产业发展过程中，民营经济在企业数量和产业增速方面均处于领先地位，在激发战略性新兴产业发展活力方面发挥了重要作用。目前，战略性新兴产业民营上市企业数量占比近6成，2019年前三季度营业收入增长10.4%，高于战略性新兴产业上市企业总体1.2个百分点。从发展领域来看，前三季度战略性新兴产业制造业上市公司营业收入增长 8.2%，高于互联网软件业上市公司 2.2 个百分点，表明战略性新兴产业发展基础更加稳固。

（四）投资逆势增长成为重要亮点

2019 年前三季度，我国固定资产投资同比增长 5.4%，同比增速自 6 月以来有所放缓。但是高技术产业投资同比增长 13.0%，增速较二季度末提升 1.5 个百分点，是整体投资增速的 2.5 倍以上。制造业方面，前三季度高技术制造业投资增长 12.6%，增速比 1~8 月加快 0.6 个百分点，加速增长态势已持续 4 个月。其中，医疗仪器设备及仪器仪表制造业、电子及通信设备制造业、计算机及办公设备制造业投资分别增长 20.9%、15.0%、8.3%。服务业方面，前三季度高技术服务业投资增长 13.8%，增速快于全部服务业投资 6.6 个百分点。其中，电子商务服务业、研发设计服务业、环境监测及治理服务业、检验检测服务业投资增速均超过 30%。

（五）融资环境好转助力产业发展

2019 年以来，一系列政策的出台有效缓解了产业融资困难，支持了战略性新兴产业加快发展。比如，科创板的建设。2019 年 6 月 13 日，科创板正式开板，为科技创新型优质企业提供绿色上市通道。截至 10 月末，共有 40 家科创板企业上市，共募资 536.6 亿元，其中绝大多数都是战略性新兴产业企业。又如，政银企对接力度加大。2019 年以来，我们从国家层面开展战略性新兴产业集群银企对接等工作，推动金融机构加大对产业的支持力度。截至 2019 年 6 月末，中国建设银行通过产品创新、主动对接等方式，使战略性新兴产业贷款余额较年初增长 1448.9 亿元，增幅达到 37.6%。还有，各地区产业扶持计划和融资渠道更加完善。深圳市组织实施战略性新兴产业扶持计划，对符合认定标准的项目给予最高 70% 的贷款贴息补助和最高 50% 的担保费补贴，以及最高 1500 万元的项目补贴。广州市安排 6 亿元作为风险损失补偿资金，投入数十亿元资金支持科技创新。厦门市推出全国首创的微信端"银税互动"平台，只需通过刷脸、点击等方式，企业即可在 10~15 分钟内完成从申请到贷款到账的全过程，解决中小微企业融资难问题。

（六）创新发展重要成果不断涌现

近年来，我国战略性新兴产业在基础研究方面也取得了诸多进展，部分领域实现从后发到先发、从跟跑到并跑、领跑的重要转变。例如，在核能利用方面，我国自主研制了有"人造小太阳"之称的全超导托卡马克核聚变实验装置，取得了 101 秒等离子体高约束持续放电、等离子体中心电子温度 1 亿度等若干重量级原创成果，为人类开发利用核聚变能、永久摆脱能源困境带来可能。在高端装备方面，遥感卫星体系的建设可以实时和近实时传输并处理多波段、高分辨率、全天候、全天时、覆盖全国疆土的遥感观测数据，为资源调查、环境监测、国土普查、自然灾害监测与评估提供强大的数据支撑。在生物医学工程方面，依托兰州重离子研究装置开发出的重离子治癌装置，已初步实现产业化应用，为肿瘤治疗提供了新方案。

（七）高效集聚塑造产业发展新格局

伴随着我国战略性新兴产业步入高质量发展阶段，集群、集聚成为日益显著的新趋势。不仅东部地区形成相对成熟的战略性新兴产业集群，中西部也在集群化发展方面取得新进展。通过龙头企业牵引、创业链协同、跨界融合等多种方式，中西部地区积极推动创新资源集聚，形成了一批特色新兴产业增长极，如湖北武汉生物医药和光电子、湖南长株潭轨道交通、安徽合芜蚌新型显示、四川成都软件服务业等重点产业集群。2019 年前三季度，中部和西部战略性新兴产业上市公司营业收入分别增长 9.6% 和 12.2%，高于东部、东北 7.7% 和 3.2% 个百分点，表明产业发展的区域差距在缩小。

二、新一代信息技术产业发展现状

把握信息技术升级换代和产业融合发展机遇，加快建设宽带、融合、安全、实用的下一代信息网络，突破超高速光纤与无线通信、物联网、云计算、数字虚拟、先进半导体和新型显示等新一代信息技术，推进信息技术创新、新兴应用拓展和网络建设的互动结合，创新产业组织模式，提高新型装备保障水平，培育新兴服务业态，增强国际竞争能力，带动我国信息产业实现由弱到强的转变。

我国在新一代通信网络设备（5G）领域，已经领先美国。在工业互联网、云计算、大数据、人工智能领域，我国紧跟美国的态势。在全世界技术能力和产业化能力方面，我国都仅仅排在美国之后，而且不仅是阿里、腾讯、百度等互联网企业，华为也在这方面进行战略性投入，并进行了架构的调整，将其公司内部从事这些新兴产业的部门独立出来并提高这些部门在整体架构中的地位。未来全世界企业内部的办公和运营系统都会向云计算平台转移。

2019 年，我国互联网和相关服务业保持平稳较快增长态势，业务收入和利润保持较快增长，研发投入快速提升，业务模式不断创新拓展，对数字经济发展的支撑作用不断增强。根据2019年相关数据显示，我国规模以上互联网和相关服务企业完成业务收入12 061亿元，同比增长21.4%。其中，互联网企业共完成信息服务（包括网络音乐和视频、网络游戏、新闻信息、网络阅读等服务在内）收入7 879亿元，同比增长22.7%，增速快于互联网业务收入1.3个百分点，占比达65.3%。互联网平台服务收入较快增长，生活服务、网络销售服务规模不断扩大。2019年，互联网平台服务企业（以提供生产服务平台、生活服务平台、科技创新平台、公共服务平台等为主）实现业务收入3 193亿元，同比增长24.9%，增速快于互联网业务收入增速3.5个百分点，占比达26.5%。

互联网数据服务收入保持较快增长。2019年，随着5G、云计算、大数据和人工智能等新技术应用，新型基础设施建设进入快速增长期，拉动互联网数据服务（含数据中心业务、云计算业务等）实现收入116.2亿元，同比增长25.6%，增速快于互联网业务收入增速4.2个百分点。截至12月末，我国部署的服务器数量达193.6万台，同比增长17.3%。

在云计算的基础设施部分，2019年1月17日，互联网数据中心公布2018年上半年全球公有云基础设施即服务（IaaS）厂商市场份额数据，在过去5年中，阿里云全球市场份额增长12倍，在2018年上半年全球份额超过了IBM，一举跃居世界第三，仅次于亚马逊和微软。在新一代信息技术产业这个新兴产业里面，还有新型电子元器件（半导体分立器件、光电子器件、半导体照明器件、光纤光缆、电阻电容电感被动元件）和集成电路设计制造，这看起来是两个领域，其实新型电子元器件里面的半导体分立器件、光电子器件、半导体照明器件、集成电路设计制造都属于半导体的范畴。其中光纤光缆领域的技术，中国大部分已经掌握，全球份额也是最高的，只是在高端领域，如海底光缆方案、低衰减方案上还有欠缺。中国的光纤到户是全世界规模最大的，网速也在全球名列前茅，庞大的市场促成了本土厂家的崛起。

三、高端装备制造产业发展现状

我国产业转型升级和战略性新兴产业发展的迫切需求，统筹经济建设和国防建设需要，大力发展现代航空装备、卫星及应用产业，提升先进轨道交通装备（高速列车和轨道车辆制造）发展水平，加快发展海洋工程装备，做大做强智能制造装备，把高端装备制造业培育成为国民经济的支柱产业，促进制造业朝着智能化、精密化、绿色化方向发展。

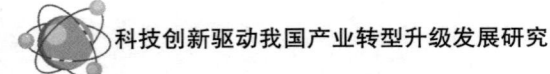

在国内经济结构调整与转型升级的带动下,在加快推进铁路建设、高铁"走出去"战略等政策引导下,高端装备制造产业总体保持快速增长,发展动力十足。智能装备制造行业高速发展,我国工业机器人市场规模不断扩大,已成为世界上规模扩大最快的市场。2018 年,我国工业机器人销量将突破 15 万台,中国机器人保有量超越日本跃居世界第一。

我国在航空航天和能源开采装备两个领域也非常重视自主化的技术体系,在航空领域尤其注重国产民航客机的交付情况。2018 年,ARJ21 总共交付了 6 架,累计总共 10 架。2019 年 2 月 22 日,国家向天骄航空有限责任公司交付的首架 ARJ21 飞机,当天从上海顺利飞抵呼和浩特白塔国际机场。ARJ21 飞机已交付客户 12 架,安全运营逾 9000 小时,运送旅客超过 27 万人次。中国的大飞机 C919 预计商用时间是 2021 年,C919 真正的开始规模化交付要等到 2025 年,随后主要子系统零部件的国产化工作才会真正逐步展开。

总的来说,在高端装备制造的多个领域,尽管我国还存在较大差距,但是总体上并不依赖于国外,同时全球发达国家,在各个领域也是各有千秋,如日本在工业机器人领域领先,韩国在海洋工程装备领域领先,美国和欧洲国家垄断全球民航客机市场,同时欧美国家在航天领域、能源开采设备领域领先等等。

四、新材料产业发展现状

大力发展新型功能材料、先进结构材料和复合材料,开展纳米、超导、智能等共性基础材料研究和产业化,提高新材料工艺装备的保障能力;建设"产学研"结合紧密、具备较强自主创新能力和可持续发展能力的高性能、轻量化、绿色化的新材料产业创新体系和标准体系,发布国家新材料重点产品发展指导目录,建立新材料产业认定和统计体系,引导材料工业结构调整。2015 年,我国已经突破一批国家建设急需、引领未来发展的关键共性技术;2020 年,关键新材料自给率明显提高。

近年来,在国家有关政策的大力扶持和材料技术的飞速发展条件下,我国新材料产业保持了快速增长态势,市场规模增速一直保持在 20% 以上。2014 年,新材料产业发展出现了新的局面:稀土功能材料、先进储能材料、光伏材料、有机硅、超硬材料、特种不锈钢、玻璃纤维及其复合材料等新材料的产能继续位居世界前列;新材料产业体系进一步完善,初步形成了包括研发、设计、生产和应用,品种门类较为齐全,产业技术较为完备的产业体系;节能减排成为新材料产业发展的突出特色，面对资源和环境的双重压力，新材料产业加快调整产品结构，加大绿色环保材料的开发与应用力度，将生态环境意识贯穿于产品和生产工艺设计中，并不断提高资源能源利用效率，减少材料制造过程中的环境污染。

总体来说，在新材料领域，我国发展速度是很快的。一是与半导体和电子元件相关的电子化学新材料，如给片式多层陶瓷电容器陶瓷电容提供陶瓷材料的国瓷材料，2018年前三季度营业收入增长高达41.23%，净利润更是增长了127.88%；如电子产品的显示面板，需要偏光片、滤光片、液晶材料、液晶玻璃基板等各种新型电子材料产品，下游面板厂家都在不断地加大对上游国产供应商的采购力度。二是与新能源汽车相关的锂电池材料，包括锂电池正极材料、负极材料、隔膜纸、电解液、外壳材料等等。看2018年我国锂电池标杆企业宁德时代的业绩疯狂增长，就可以想象给上游的国产锂电池材料供应商带来了多少机遇，这也是发展新能源汽车的意义之一。三是与航空和军事工业发展相关的金属材料和纤维材料，我国正在不断试飞，即将在2021年投放市场的C919大飞机，就大量使用了我国自主开发的铝锂合金，这也是大飞机平台项目带动新材料发展的例子。当然还有我国的军事工业，最为典型的就是鞍山钢铁公司为我国辽宁号航母开发的航母用甲板用钢，这也带动了鞍山钢铁公司提升了自己的技术实力。

五、生物产业发展现状

面向人民健康、农业发展资源环境保护等重大需求，强化生物资源利用、转基因、生物合成、抗体工程、生物反应器等共性关键技术和工艺装备开发；加强生物安全研究和管理，建设国家基因资源信息库，着力提升生物医药研发能力，开发医药新产品，加快发展生物医学工程技术和产品，大力发展生物育种，推进生物制造规模化发展，加速构建具有国际先进水平的现代生物产业体系，加快海洋生物技术及产品的研发和产业化。

2014年以来，在国内宏观经济增长放缓的大环境下，生物产业相对保持了较快的增长速度。2014—2018年我国规模以上医药制造业主营业务市场规模波动变化，增长率持续下降。其中，2016年为医药制造业主营业务收入最高的一年，行业市场规模为28 062.91亿元，同比增长9.63%。2018年，规模以上医药制造业企业主营业务收入有所下降，为23 986.30亿元，同比下跌11.54%。2019年1～11月，我国规模以上医药制造企业营业收入累计达到21 596.5亿

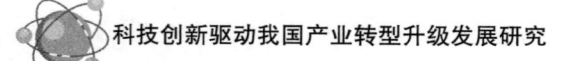

元，同比增长 8.9%；实现利润总额 2 842.8 亿元，同比增长 10%。

我国新药研制步伐正在加快，在 2018 年一类新药"井喷"的背景下，2019 年又有恒瑞医药的卡瑞利珠单抗等一批重大创新药获准上市。2020 年一季度，我国医药制造业受到新冠疫情影响，医药企业不同程度的延迟开工、停工停产、运输受阻、物流管制与人员交通限制等情况对药企的经营带来了明显影响。尤其对于一些实力不强的企业来说，短期内甚至将面临资金链断裂和倒闭的风险。但值得注意的是，在此次新冠肺炎疫情中，中医药得到了广泛的应用，中医药在防治疫情方面的功效，大幅扩大中成药及中药方剂的市场规模。

六、新能源汽车产业发展现状

以纯电驱动为新能源汽车发展和汽车工业转型的主要战略取向，当前重点推进纯电动汽车和插电式混合动力汽车产业化，推进新能源汽车及零部件研究试验基地建设，研究开发新能源汽车专用平台，构建产业技术创新联盟，推进相关基础设施建设。重点突破高性能动力电池、电机、电控等关键零部件和材料核心技术，大幅度提高动力电池和电机安全性与可靠性，降低成本；加强电制动等电动功能部件的研发，提高车身结构和材料轻量化技术水平；推进燃料电池汽车的研究开发和示范应用；初步形成较为完善的产业化体系。建立完整的新能源汽车政策框架体系，加大财税、技术、管理、金融政策的引导和支持力度，促进新能源汽车产业快速发展。

2014 年，在多项利好政策的刺激下，新能源汽车市场迎来爆发式增长。2014 年以来，国家层面接连出台加强新能源汽车推广应用的相关政策，不仅免除了新能源车购置税，而且政策要求各地打破地方保护主义，建设统一开放、有序竞争的新能源汽车市场。另外，就充电桩等基础设施的建设，国家电网也首次放开市场准入条件，允许社会资本对分布式电源并网、电动汽车充换电实行市场开放，抽水蓄能电站、调峰调频储能等项目投资开放。2019 年 1～10 月新能源汽车累计产量为 98.3 万辆，同比增长 11.7%。其中，纯电动汽车累计产量为 79.5 万辆，同比增长 18.4%，插电式混合动力汽车累计产量为 18.6 万辆，同比下降 10.6%，燃料电池汽车累计产量为 1 391 辆，同比增长 8.2%。2019 年 1～10 月新能源汽车累计销量为 94.7 万辆，同比增长 10.1%。其中，纯电动汽车累计销量为 75 万辆，同比增长 15%，插电式混合动力汽车累计销量为 19.6 万辆，同比下降 5.7%，燃料电池汽车累计销量为 1 327 辆，同比增长 8%。

七、新能源产业发展现状

加快发展技术成熟、市场竞争力强的核电、风电、太阳能光伏和热利用、页岩气、生物质发电、地热和地温能、沼气等新能源,积极推进技术基本成熟、开发潜力大的新型太阳能光伏和热发电、生物质气化、生物燃料、海洋能等可再生能源技术的产业化,实施新能源集成利用示范重大工程。

当前,能源转型成为全球的发展趋势,我国新能源正处于跨越式发展的基础期和转向"平价"的关键期。2019年5月30日,国家能源局发布《关于2019年风电、光伏发电项目建设有关事项的通知》,进一步加大风电、光伏发电项目竞争配置力度,并明确项目有关边界条件。新能源产业中一系列支持政策相继出台,产业环境持续改善,市场需求不断回升,新能源产业发展持续向好。2019年,我国新能源产业保持稳步发展态势。风电开发"稳中有进",分散式风电和海上风电稳步发展。尽管在政策调整下,国内光伏新增装机量有所下滑,但受益于海外市场增长,我国光伏产业规模稳步扩大,技术创新不断推进,出口增速不断提升。

2019年,我国以风电、光伏为代表的新能源产业继续保持平稳有序发展,并依靠技术进步推动降本增效,多举措促进高质量、高比例发展,不断向平价目标迈进。国家能源局统计数据显示,2019年1～11月,我国风电新增装机1 646万千瓦,较2018年同期微降74万千瓦。2019年1～9月,全国风电发电量2 897亿千瓦时,同比增长9%。根据中国电力企业联合会最新数据,截至2019年11月底,我国风电累计并网容量已达到2亿千瓦。

2019年我国光伏市场出现了震荡,但在全球市场的拉动下,我国光伏产业规模继续保持扩大态势。据中国光伏行业协会统计,2019年1～10月,我国多晶硅的产量达27.6万吨,同比增长34.6%;硅片产量113.7吉瓦,同比增长46.1%;电池片产量93.3吉瓦,同比增长54.2%;组件产量83.9吉瓦,同比增长31.7%。2019年1～10月,我国多晶硅、硅片、电池片总产量已经超过2018年全年总产量,组件产量与2018年全年相当。

八、节能环保产业发展现状

强化政策和标准的驱动作用,充分运用现代技术成果,突破能源高效与梯次利用、污染物防治与安全处置、资源回收与循环利用等关键核心技术,大力发展高效节能、先进环保和资源循环利用的新装备和产品;完善约束和激励机制,创新服务模式,优化能源管理,大力推行清洁生产和低碳技术,鼓励绿色

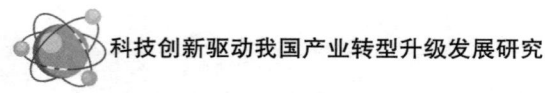

消费，加快形成支柱产业，提高资源利用率，促进资源节约型和环境友好型社会建设。

经过几十年的发展，我国的环保产业已初具规模。工业化与城市化快速发展，同时也促进了我国居民环保意识的增强以及环保产业的发展。特别是"十一五"以来，国家加大了对电力、水泥、钢铁、化工、轻工等重污染行业的治理力度，增加了对城镇污水、垃圾和危险废弃物集中处置等环境保护基础设施的建设投资，有力地拉动了环保产业的市场需求，产业总体规模迅速扩大，领域不断拓展、结构逐步调整、整体水平有较大提升，运行质量和效益进一步提高。我国的产业体系已经从初期的以"三废治理"为主，发展为包括环保产品、环境服务、洁净产品、废物循环利用，跨行业、跨地区、产业门类基本齐全的产业体系。

近年来，随着中国经济的快速增长、人们环保意识的增强和环境保护工作力度的加大，中国环保产业取得了较大的发展。在国家和各级政府不断提高重视并持续增加投入，以及伴随着工业发展产生的大量市场需求等方面因素的作用下，中国城市环保行业始终保持较快增长。中国节能环保产业快速增长，总产值从2012年的约3万亿元增长至2015年的约4.5万亿元。2017年节能环保产业产值5.8万亿元，2018年突破7万亿元。随着环保税、排污许可证制度等政策法规的不断推出，我国节能环保产业市场空间未来还将持续扩大，2020年节能环保产业产值有望突破8万亿元。

2018—2019年，我国环保政策密集出台，环保力度进一步加大，环保政策措施由行政手段向法律的、行政的和经济的手段延伸，第三方治理污染的积极性和主动性被充分调动起来。环保税、排污许可证制度等市场化手段陆续推出，政策红利逐步显现。

2019年10月，北京市城市管理委起草了《北京市生活垃圾管理条例修正案（草案送审稿）》，促进城市垃圾分类工作顺利推进。目前，我国北京、上海、广州、深圳、重庆、贵阳、福州、杭州等城市已相继出台或更新垃圾分类政策，预计生活垃圾分类工作将稳步推进，将于2025年完成所有地级市生活垃圾分类工作，并完成配套转运端、处置端产能建设，固体废弃物处置行业将保持高增长。

除了政策支持外，国家还加大了我国节能环保产业的财政支持力度。2014—2018年，我国节能环保产业财政支出呈上升趋势，2018年，我国对节能环保产业支持6 353亿元，同比增长13%；2019年上半年，在全国一般公共预算支出12.35万亿元中，节能环保支出3 145亿元，同比增长19.7%，增速位居所有版块第二，仅次于交通运输版块（同比增长22.3%）。

同时，2019年环保重点领域专项转移支付预算增速均高于20%。根据财政部相关数据，2019年大气污染防治预算250亿元，较同期实际数增长25.0%；水污染防治预算190亿元，较同期实际数增长21.8%；土壤污染防治预算50亿元，较同期实际数增长42.9%；重点生态保护修复治理预算120亿元，较同期实际数增长20%。

九、数字创意产业发展现状

移动互联网与数字技术的快速发展驱动数字创意产业爆发式增长。一方面，以数字音乐、网络文学、动漫、影视、游戏、直播等为代表的一大批新兴数字文化行业快速崛起，出现了一批极具爆发力的产业发展热点，这些典型行业在2012—2017年年均增长速度超过了20%。2017年我国数字音乐市场规模达到180亿元，2016—2017年年均增长32.3%。截至2017年底，中国网络文学用户规模已达到3.68亿人，占网民总体的45.6%，规模较"十二五"末期增长23.9%；2017年国内游戏市场规模达到2036.1亿元，2016—2017年年均增长20.3%；2017年我国网络表演（直播）市场整体营业收入规模达到304.5亿元，2016—2017年年均增长83.9%。另一方面，消费需求升级、创新发展驱动数字创意装备和创意设计产业实现高速增长。智能手机、智能电视市场渗透率超过80%，智能可穿戴设备、智能家居产品、虚拟现实设备等新兴数字创意装备产品种类不断丰富。2017年，中国智能可穿戴设备规模达264.2亿元，2016—2017年年均增长56.5%，2017年我国虚拟现实（VR）产业市场规模达到160亿元，规模约为"十二五"时期末的10倍。

数字创意作为战略性新兴产业新的热点，与电商、旅游、教育等领域广泛融合，形成一批新的经济增长点。"三只松鼠"利用动漫形象促进销售，在坚果电商的红海中脱颖而出，2016年销售额超过50亿元，2019年"三只松鼠"的总营业收入101.94亿元，同比增长45.61%，实现了2019年全年销售额突破百亿，成为零食行业首家迈过百亿元门槛的企业。开创国际的《新视野华语》《话说汉字》等系列教育产品，利用动漫形象打造教育课件，目前产品销售覆盖东南亚及西亚地区，已形成合作的大中专院校达4000余所。水晶石公司研发的"数字敦煌"用现代技术将传统文化资源数字化、虚拟化，创新性地保护传统文化资源的同时，也开拓了新市场，目前已与柬埔寨政府合作将吴哥窟运用动漫虚拟现实技术进行数字化展示，市场开发前景看好。

第四节　我国战略性新兴产业发展的思路

一、培养中国战略性新兴产业的国际竞争力

中国战略性新兴产业发展的目标应该是，培养这些产业成为中国产业结构调整与升级的战略性、引领性产业，成为未来产业体系中主导与支柱产业，同时也能够在未来全球产业体系及全球经济体系中有比较强大的国际竞争力，这样才能够使中国摆脱工业大国而不是工业强国的尴尬状况，才能真正实现中国梦。培养中国战略性新兴产业的国际竞争力，应该从以下三个方面入手。

（一）全球价值链控制力的提升

从今天来看，一个有国际竞争力的产业不在于它的产业规模，不在于它的资源基础和价值链的长度，而在于我们的战略性新兴产业在全球同类产业中是否控制了关键的价值环节，是否位于价值链的高端环节。

1. 形成产业链的国际水平分工与周边垂直分工的产业格局

为了实现静态比较优势向动态比较优势的转变，我们要认识到现在的全球化分工不再仅仅是产品上的分工，而是产业链环节上的分工。掌控产业链优势环节，实现从产业链垂直分工向产业链水平分工的转变，需要对具体产业链进行深入研究，建立产业链模块化分工模式，注重优势能力。同时，注重基础能力的培育，充分发挥知识经济对工业经济的推动作用。实现这一转变的关键是技术创新，与周边乃至全国其他省市形成良好的产业互动关系，在产业链层次上形成梯度，充分利用地缘优势，在国际产业转移中发挥重要作用，通过上海等中心地区的发展带动周边地区的发展，通过周边地区的支持形成上海等地区的中心地位。

2. 大力发展战略性新兴产业价值链的高端环节

关键是要通过打造自主品牌，开发自主知识产权，实现技术引领；通过融合发展，实现价值链引领。在布局方面，要实现中国战略性新兴产业空间布局与城市建设的良性互动，坚持产业集聚，推动产业、资源、人口、基础设施和环境的协调发展。以产业基地和市级以上工业区为主要载体，按照存量调整优化、增量集中提升，产业集聚升级，聚焦高端装备、船舶、航空、航天四大新兴产业基地发展。

（二）全球市场控制力的提升

市场是选择和发展战略性新兴产业的基本力量，尽管许多战略性新兴产业还处于技术突破和商业试用的阶段，但由于其市场潜力巨大，正日益得到全球范围内的高度重视，各发达国家都重点围绕新兴产业开始新一轮的全球布局，寄希望于谋取战略性新兴产业的市场竞争优势。中国的战略性新兴产业要取得实质性进展，需要基于全球背景来考虑新兴产业的创新和市场竞争。国际市场的检验是中国战略性新兴产业发展的试金石，也是国内市场的有效补充。加强国际性的市场合作，是发展战略性新兴产业的必由之路。

任何一项产品或服务都是以市场许可为终极目标的，产业发展的生命力在于紧紧围绕市场需求开展技术和产品创新。为此，要以用户为导向开展产品研发和创新活动，在技术先进和用户适用之间，优先选择用户适用。积极研究未来发展需求的变化，根据未来发展需求的变化积极调整技术路线，使创新产品适应甚至引领全球市场需求的发展。

（三）自主创新发展能力的提升

战略性新兴产业是利用先进技术革命成果建立起来的对经济发展具有战略意义的一系列产业。该产业中普遍采用先进的生产技术，是科技创新最为集中的领域。也正是因为其创新性突出，其对关键核心技术的掌控对于形成全球价值链控制力至关重要。

一是通过加大创新投入力度，增强科技原始性创新能力、集成创新能力和引进消化吸收能力，从而拥有一批核心自主知识产权，不断增强核心竞争力，获得持续竞争优势。例如，上海通过云计算专项对接国家重大专项，累计投入4.67亿元支持云计算研发与产业化，跨平台支持多操作系统的虚拟化技术，以及具有资源管理、资源调度、计费等功能的云计算管理平台，研发软硬件一体化的云存储平台，在基于云计算平台的软件产品等关键技术领域取得了一定的突破。普华基础软件、东方通泰、中标软件、运软网络、华存数据、格尔软件、优刻得、华东电脑等一批在虚拟化技术、云存储技术、云计算管理平台、云安全管理、海量数据处理等方面取得突破的云计算关键技术研发企业面向市场推出了一批自主创新的云计算产品，在云计算国产化平台市场应用方面取得了令人瞩目的成绩。

二是在战略性新兴产业合作日趋紧密、竞争日益激烈的新形势下，坚持对外开放，创新合作方式，利用国际创新资源，提升对外合作主动权。国际合作应更加注重技术合作，形成政府间、行业间、企业间多层次、多渠道的国际合

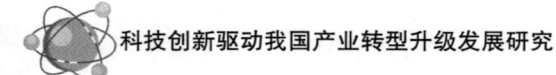

作机制，扩展和巩固政府间技术合作的范围与深度。例如，利用气候变化清洁发展机制等多边机制促使发达国家向中国转让低碳技术；鼓励和支持中国企业与国外企业开展技术深度合作，实现由产业链分工向创新链分工的升级，提高国际产业分工地位；引导和鼓励外资投向战略性新兴产业，鼓励境外企业和科研机构在中国设立研发机构，引导其开展核心创新活动；支持符合条件的外商投资企业与内资企业研究机构合作申请国家科研项目。

三是支持企业"走出去"，探索国际合作新模式。支持企业"走出去"，发展战略性新兴产业，扩大企业境外投资自主权，改进审批程序，加大外汇支持力度；鼓励和支持企业到国外购买技术和品牌。购买技术型公司，或者联合研究开发，在境外设立研发机构和建设产业园区。

四是积极参与国际标准制定，提升合作的主动权。支持行业协会、学会、产业联盟、企业和研发机构等积极参与国际标准制定，力争在深度参与甚至主导国际标准制定方面有更大突破；可在移动通信、下一代互联网和新能源汽车等领域，利用中国市场和技术能力的优势，积极部署技术和产品标准的国际化战略，提早谋划标准规范的制定和应用。加大投入以支持标准制定和国际交流，推动中国标准的国际化；大力支持自主知识产权技术标准在海外的推广和应用；加强企业和产品的国际认证合作，推进标准的国际互认。

二、跨越式发展模式的内在逻辑和特征

战略性新兴产业高新、高端、高效的"三高"发展模式，可以从其内涵层面梳理三条横向对应关系，即从战略性新兴产业占领高端到实现高效的内在联系和逻辑关系。对这三条横向对应关系的把握，可以帮助我们理解战略性新兴产业发展的目标和找到实现目标的路径。

（一）高技术密集度—高级要素禀赋—高产出效率

高技术密集度是"高新"的重要特征；"高端"则相应地必须以高级要素禀赋为基础（表现为资本密集、知识密集和专业化人力资本）；"高效"则体现为资源被充分利用，产出效率比较高。高级要素禀赋是产业高端的核心特征。企业掌握核心技术和关键的工艺环节、品牌营销，相应必须以高级要素禀赋（知识禀赋等）为基础才能实现，高级要素禀赋是实现高产出效率的基础和前提条件，也必须实现高产出效率才能实现产业高效，这也是市场经济下企业经营的主要目标。

（二）高战略引领性—高价值链控制力—高正向外部性

高战略引领性意味着产业发展具有前瞻性，能够带动产业的升级和转型；具有较高的价值链控制力，具有一定的价值链治理权；能够发挥知识溢出效果和产业关联带动作用，有助于形成低碳、循环经济，以及环境友好的产业生态系统。高价值链控制力是产业高端的表现特征。高价值链控制力带来的高战略引领性意味着产业发展具有前瞻性，能够带动产业集聚发展和产业升级，对价值链的控制意味着对产业的关联带动作用，以及形成和谐的产业生态系统和产业发展环境，即产业发展的正向外部性影响，这些也是产业高效的内在要求。

（三）高自主创新能力—高价值链位势—高附加价值

高自主创新能力意味着掌握一定的核心技术，具有自主知识产权，并且必须处于较好的价值链竞争位势，才能获得高附加价值。高价值链位势是产业高端的重要判断标准，意味着对关键价值链环节的把握，可以发展关键技术工艺和供应链品牌环节的优势，这就使产业和企业处于较好的价值链竞争位势，获得高附加价值也就顺理成章，而且也必须转化为高附加价值，才能实现产业高效。

（四）跨越式发展模式的核心

跨越式发展模式的核心是，在市场机制下培养中国在战略性新兴产业领域具有产业链、价值链主导力和控制力的核心企业，通过它们获得创新红利的内在动力，推动自身与产业链、价值链上相关企业和产业的创新变化。最终通过战略性新兴产业的发展，带动其他产业的转型升级，进而使中国的战略性新兴产业形成在全球价值链控制力、自主创新发展能力及空间聚集发展能力这三个方面均领先的革命性产业，实现从现行产业体系向新型产业体系转变与产业结构的全面升级，抓住新工业革命的伟大趋势，实现中国社会经济的可持续发展，实现中华民族的伟大复兴。

三、中国战略性新兴产业发展的新策略

（一）发展战略性新兴产业过程中政府的角色

战略性新兴产业关系国家大局，政府在发展战略性新兴产业过程中究竟应该扮演怎样的角色是一个非常重要的问题。战略性新兴产业的发展如果完全依靠市场，则发展会比较缓慢。因为战略性新兴产业现在市场需求相对较小，而

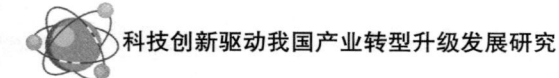

短期投入要求可能较大，所以政府可以做一些支持和补贴。

我们过去的支持和补贴可以称为招商式的补贴和培育产业规模的补贴，即为了把投资项目吸引过来，就给企业土地优惠、财税优惠。为此我们还要研究，为了培育企业产出规模的企业投资、政府补贴、企业产能扩大和给企业带来的优惠。

政府目前基本采取这两种方式进行战略性新兴产业的培育。首先，优点是招了商、引进了投资，可以拉动GDP增长，也解决了劳动力就业问题，甚至成为将来政府的税收来源。其次，企业规模扩大了，税收增加了，就业问题也解决了，当地GDP也提高了，对当地的城市发展、经济发展、社会发展都有益。由于这两个优点，地方政府一般都采取这种补贴措施。但是如果所有地方政府都这样做，该战略性新兴产业很快就会产能过剩，光伏产业就是前车之鉴。

所以，在战略性新兴产业发展过程中，政府扶植政策要改变，不应该再实行所谓产能扩张的补贴。产能扩张的问题要和市场挂钩，应该把战略性新兴产业产能扩张的补贴改变成为培育战略性新兴产业市场的政策。例如，美国政府在光伏产业上也有扶植政策和政府补贴，但不是把补贴给生产光伏电池的企业，而是给消费者。消费者购买了太阳能电池安装在家里，政府给予其所得税的抵扣，于是消费者就愿意去购买了。更多的消费者购买太阳能电池，这个市场需求就扩大了。市场需求扩大后，企业自己根据对市场需求的判断来决定产能扩大与否。又比如，智能装备生产出来没人要，怎么办？那就补贴使用智能装备的企业。我们的政府过去是把钱直接补贴给生产企业，于是这些企业拼命扩张产能，市场需求对它们来说反而不重要了。

在目前的背景下，各地政府都在大力推进战略性新兴产业发展，各地都有补贴，如果谁改变了原有的补贴方式，也不会导致政策洼地的出现，反而是先改革者有先发优势。光伏产业可以改成像美国那样的补贴，居民购买并使用光伏电池以后，政府给予一定的补贴。实行这种补贴之后市场需求规模就扩大了。市场需求规模越大，光伏企业进一步发展的可能性就越大。市场充分竞争还能更好地提升产品与服务质量。而且长期来看，这才是培养这个产业国际竞争力的关键。这样国际竞争力在国际市场中才能真正培养起来。一个没有国际竞争力的产业绝不可能通过政府的不断补贴来实现可持续发展。当然，我们还可以设计其他的补贴政策。例如，光伏企业如果能够在市场上卖掉一个产品，政府就补贴一些成本。由此企业就有一定动力去开发市场、提高服务质量，结果也能把企业的市场竞争力培育起来。

（二）新型基础设施建设提供新平台

未来一段时期，除传统基建外，以 5G、人工智能、工业互联网、物联网等新兴产业领域基础型技术为代表的新型基础设施建设有望提速，这不仅能催生我国经济增长新的内生动力，也对推动新旧动能接续转换、实现高质量发展具有重大意义。以 5G 为例，2019 年我们正式进入 5G 时代，相对于前面四代移动通信技术，5G 技术的革命性不仅体现在万物互联的基础环境上，更重要的是体现在海量数据汇聚，以及对产业和社会经济发展的全面赋能上。经 5G 权威机构全球移动通信系统协会测算，预计到 2025 年，中国 5G 渗透率将超过全球平均水平 10 个百分点，成为最大的 5G 单一市场，对 GDP 的贡献将超过万亿美元。这还只是移动通信领域的产业前景，其他各类新型基础设施带来的发展空间同样是非常大的。

（三）大企业引领中小企业协同创新发展

1. 大企业是进行产业链整合的关键资源

相对于美国成熟的风险资本市场和多元化的人才市场而言，中国的创新在相当长的历史时期内将由大企业扮演重要角色。这主要表现在大企业能为创新持续投入规模资金，提供新技术孵化和试验平台。即使在创新资本和创业资本丰裕的美国，许多大企业，如思科、谷歌等，都是通过持续并购中小型创新企业并通过大企业自身平台的完善和推广来获得重大的技术和产品创新。大企业作为整个产业链的组织者和整合者，通过提高创新资源的集成能力，最大限度地集聚创新资源，推动产业链不同环节间的交互式学习，有效整合中小企业的创新资源。

2. 促进"小而精"的中小企业协同创新发展

从国际上看，中小企业在技术创新方面相对于大企业有其独特的优势，中小企业进行技术创新，大多是以市场需求的变化为基础的，即根据客户的实际需求进行技术创新活动。美国和日本 55% 以上的技术创新是由中小企业实现的，美国高新技术领域中小企业就业人数达 38%，中小企业人均创新发明是大企业的 2 倍。中国科技型中小企业不乏创新激情和努力，但是一直处于弱势地位，政策歧视、体制约束、市场准入难和融资难等问题仍没有得到解决，创业环境仍需大力改善，不少创业者在较高的创业风险和创业成本面前进退两难。因此，中国需要千方百计地促进"小而精"的中小企业协同创新发展，为战略性新兴产业发展提供基础性力量。

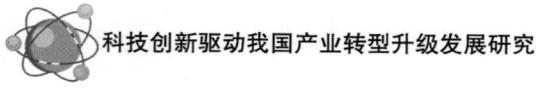

3. 推进支撑战略性新兴产业发展的体制和机制创新

市场机制创新要遵循市场经济规律。战略性新兴产业在市场对现有产业进行自然选择的情况下，依靠自身的素质和优势，在与其他产业的生存竞争中获取必需的生产要素、经济资源和市场份额，并逐渐赢得有利条件，获得市场自发的倾斜式支持和拉动，从而逐渐形成其成长和发展的方式与过程，具有优胜劣汰的特征，能够提高产业的整体素质并增强产业的国际竞争能力。

认真研究和探索符合产业发展特点的机制创新。创新是驱动新兴产业发展的根本动力。发展战略性新兴产业，应重点研究科技制度层面上的创新。新体制必然有不同的要求。以往曾对创新活动具有极大推动作用的体制和政策，在新的产业环境中可能演变为阻碍产业创新的因素。但是，体制和机制创新并非通过一个简单的设计过程就能实现。只有创新体系中的各种力量都积极参与到自主创新的活动中，通过大量、频繁的互动交流，试错性学习和试验，才可能制定出最适合产业成长的制度。当前，作为制度创新重要参与者的政府，应当协调和组织创新体系中的各种力量勇于开展制度创新活动，并将民间成功的制度试验成果进行推广，使战略性新兴产业在资本、人力、基础设施、知识产权保护和市场环境等各方面得到支持和保障。

第六章 产业转型升级与科技园区建设

在改革开放和全球经济一体化的时代背景下,中国科技园区逐渐创建和发展起来,它是中国融入国际经济体系,特别是创新国际化的重要载体。中国科技园在全球创新科技中扮演重要角色,在创新发展与产业的转型升级和提高未来国际竞争力方面负有重要的历史使命。本章分为科技园区概述、科技园区与科技创新孵化、科技园区的发展与人力资本三部分。本章的主要内容包括国际科技园区的兴起与发展、科技园区科技企业孵化器概况等方面。

第一节 科技园区概述

一、国际科技园区的兴起与发展

科技园区最早兴起于 20 世纪 50 年代。1951 年瓦里安公司通过向斯坦福大学租借 7.5% 的校园土地用来发展高科技,并成立了世界上第一个大学科技园。之后科技园区不断发展成为世界高科技的"摇篮",成为举世闻名的硅谷。此后,世界各国为了发展本国高科技产业,竞相模仿硅谷的发展模式,纷纷成立了不同形式的科技园区。进入 20 世纪 80 年代之后,在世界范围内兴起建设科技园区的热潮,科技园区从美国逐渐扩展到全世界,成为各国推动高科技产业发展的主要途径。

纵观世界科技园区发展的历程,起源于美国并扩展到全世界,科技园区的形式越来越丰富,发展模式呈现多样化,其发展历史可以分为三个阶段。

(一)初步发展阶段(1951—1980 年)

科技园区起源于美国,后来一些发达国家开始效仿,分别成立相似的科技创新载体。1951 年建立的斯坦福工业园,是世界上第一个科技园区,也是后来举世闻名的高科技重镇硅谷的前身。在20世纪50年代中后期，麻省理工学院（MIT）的一些研究实验室分化出的新公司集聚在128公路附近。后来，在MIT和美国联邦政府的资助下，"128公路"成为美国著名的高技术区，也是闻名世界的电子工业中心，被誉为"美国的高技术高速公路"。之后1957年，苏联成立了闻名遐迩的新西伯利亚科学城，现已发展成俄罗斯最大的科技产业园。1960年代以后，日本政府开始注重本国科学技术的发展，积极建设筑波科学城。1969年，在时任巴黎高等矿业学校校长皮埃尔·拉菲特教授的倡议和推动下，成立了索菲亚·安蒂波利斯协会，并筹建索菲亚·安蒂波利斯科技城，其现已发展成为一个多学科、高水平的国际化科技园区，是法国乃至欧洲最大的科技园区之一。紧接着在1972年，英国建立了第一个科技园，在1975年又建立了剑桥科技园，现发展成世界公认的最重要的技术中心之一。

之后亚洲新兴国家开始学习发达国家的经验，陆续开始推动本国科技园区的建设。如韩国效仿美国、日本等国家的经验，在政府主导下建立了大德科技园，大德科技园也是亚洲最大的产、学、研综合园区之一。

科技创新载体的初步发展阶段，科学园区数量较少，且主要分布于欧、美、日等发达国家。这一阶段属于摸索阶段，故发展模式比较单一。除了斯坦福工业园、剑桥科技园等少数科技园区成效显著外，其他科技园尚未发挥成效。因此，科技创新载体尚未引起广泛的关注。且这一阶段科技园的建立，大多都是效仿硅谷的发展模式。

（二）快速发展阶段（1980—1990年）

进入20世纪80年代以后，全球经济进入快速发展阶段，第三次工业革命所推动的科学技术进步促进了生产力的提高，科学技术对于经济发展的作用越来越受到重视。硅谷等欧美国家科技园区对科学技术发展的强大推动作用，促使世界各国纷纷推动本国科技创新载体建设。各类型的科技园区也从早期的发达国家开始扩散到世界各国，成为推动科学技术和国民经济发展的动力，在此范围内形成一股建设科技园区的热潮。

到1989年年底，美国已成立了141个科技园区，科技创新载体数量和质量远超其他国家，其中以斯坦福工业园为起点发展成世界高科技重镇硅谷，128公路高技术区和美国三角科技园经过几十年的发展，也成为世界级科技园区。加拿大也建立了9个科技园区。

1980年以后，欧洲发达国家的科技园区迅猛发展，蓬勃兴起。法国在里昂、马赛、波尔多和图兹堡等地区建立了科技园。英国在曼彻斯特、格拉斯哥、爱丁堡、史特灵等地区建立了高科技园区。与其他发达国家相比，德国高科技园区建设起步相对较晚。到 1983 年才创建了第一个科技园区——西柏林革新与创业者中心。但其发展速度较快，到 1990 年已经建立了 70 多个科技园区。另外，包括荷兰、比利时、西班牙、意大利等其他西欧国家也相继建成科技园区。在同一阶段，以亚洲国家为主的发展中国家，面对全世界发展高科技的热潮，越来越重视科学技术的发展。政府开始采取措施推动本国科技园区的建设。我国台湾地区 1980 年建立了新竹科学工业园区，新加坡 1984 年建立了新加坡科学园，印度、中国和印度尼西亚也分别建立起类似的高新科技园区。这一阶段，发达国家科技园区数量迅速增长。同时，一些发展中国家开始投入科技园区的建设，全球科技园区的分布逐渐从欧美发达国家扩散到发展中国家，科技园区的发展对各国（地区）的经济发展和产业结构升级产生了积极影响。

（三）稳定发展阶段（1990 年以后）

1990 年以后，随着全球经济的快速发展。越来越多的发展中国家重视科学技术的发展，科技园区建设在新兴经济体中兴起。东亚地区是科技园区成长最快的地区之一。1980 年，东亚地区只有 2 个科技园区，在各国政府规划和推动下，到 1997 年，东亚科技园区发展到高达 171 个。我国台湾地区的新竹科学工业园区，对推动台湾地区以半导体为代表的科技产业发展起到关键作用。到 1990 年，我国台湾地区又成立了台南科技园区。新加坡、印度尼西亚、马来西亚、泰国等国家也纷纷成立了本土科技园区。我国也在 1985 年 7 月成立了大陆地区的第一个科技园区——深圳科技工业园。1988 年 5 月，中央政府批准在北京海淀区中关村建立北京市新技术产业开发试验区。之后，武汉、上海、南京、沈阳等十几个城市纷纷建立了高新技术产业开发区。1991 年国家科学技术委员会统一科技园区的名称为"高新技术产业开发区"，并公布了首批名单及配套政策。这一时期，发展中国家掀起了成立科技园区的热潮，全球科技园区成"井喷"式发展。

1990 年以后，全球科技园区数量迅速增加，发展中国家积极推动本国科技园区的建设，科技园区在全球范围内分布，成为推动各国技术进步的重要手段。

二、科技园区的创新

通过建设和发展科技园区推动创新是 20 世纪以来世界各国通行的一种方式。中国借鉴国际科技园区的发展经验，重点建设高新技术产业开发区，即科技工业园区（以下简称"高新区"）和科技企业孵化器（以下简称"孵化器"）。

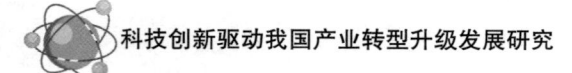

高新区基本覆盖了创新的全过程，规模较大，主要由地方政府发起和建设。

（一）高新技术产业开发区概况

从 1988 年中关村科技园建立开始，到 2018 年年底，我国国家高新区已经发展到 169 家。2019 年，这 169 家国家高新区实现生产总值 12.2 万亿元，占国内生产总值的 12.3%。国家高新区经过几十年的发展，已经成为国民经济发展的一个重要支撑和新的增长点，成为国家发展中的创新高地、产业高地、人才高地。国家高新区涌现了华为、腾讯、阿里巴巴、百度等一批具有全球影响力的创新型领军企业，培育出光伏、风电、现代能源汽车等多个世界级的产业集群。到 2019 年底，国家高新区聚集了 8.1 万家高新技术企业，占到全国高新技术企业的 35.9%。在 2020 年新冠肺炎疫情期间，国家高新区凭借科技创新优势，到 5 月份，其营业收入和工业增产值分别增长 10.3% 和 10.4%，表现出很强的抗风险能力。高新区也实现了具有区域产业特征的科技企业的聚集，从而形成了比较完整的科技工业园形态。在高新区发展过程中，高新技术企业的认定和税收优惠政策对高新区的发展起到了重要的推动作用。

1. 经济发展最快

高新区是经济发展最快、效益最好的区域。从 2009 年到 2018 年，国家高新区营业总收入从 78 706.9 亿元上升到 346 213.9 亿元，工业总产值从 61 151.4 亿元上升到 222 525.5 亿元，而净利润更是达到 2.4 万亿元。

2. 科技创新的示范区

国家高新区成立至今，创新投入不断增加，创新成果不断涌现，区内企业拥有专利的水平和每年新申请专利的数量都高于全国平均水平。2018 年，国家高新区区内企业申请专利数量为 67.4 万件，其中申请的发明专利为 14.3 万件。国家高新区内企业共拥有有效专利 192.2 万件，其中拥有发明专利 73.1 万件，拥有境内发明专利 64.7 万件，占国内发明专利拥有量的 38.9%。国家高新区企业新增注册商标数为 10.4 万件，每万人拥有注册商标为 303.1 件，获得软件著作权 17.4 万件，获得集成电路布图 2 119 件，发现植物新品种 546 件。2019 年国家高新区的企业研发支出占全国企业总投入的一半；从产出来说，2019 年国家高新区发明专利的授权量占全国的 37.5%。降钙素原（PCT）国际专利申请量占全国的 44.7%。每 1 万名从业人员拥有有效发明专利 388 件，是全国平均水平的 11.3 倍。

3. 创新创业人才的聚集地

国家高新区吸引了数百万名各类人才投身创新创业，其中很多成长为科技型企业家、科技专家和熟悉高新技术企业孵化、风险投资及高新区管理等的专家。据统计，2018 年，国家高新区企业从事科技活动的人员 428.1 万人，R＆D（科学研究与试验发展）人员 258.4 万人，每 1 万名从业人员中 R＆D 人员为 847.2 人，是全国平均水平的 15.7 倍。到 2019 年国家高新区从业人员约为 2 213 万人，每 1 万名从业人员中，R&D 人员折合全时当量约为 822 人/年，即 1 万人中有 800 多位 R&D 人员，是全国平均水平的 13.8 倍。

4. 集约发展、保护环境的典范

截至 2018 年底，全国 81 家国家高新区通过 ISO 14000 环境体系认证。2018 年，国家高新区工业企业万元增加值综合能耗为 0.488 吨标准煤，低于全国平均能耗水平。

总的来讲，国家高新区实现了土地资源的高效利用和产出，积极推动绿色生产和循环经济发展，促进了区内经济、社会、自然与人的和谐发展。

（二）科技园区是对外开放的重要窗口

中国科技园区从开始建立就广泛借鉴了国际经验。随着改革开放的深入，中国科技园区与国际的交往、联系日益密切，已经成为对外开放的重要窗口。

①中国科技园区积极探索与国际同人共同发展的道路。中国高新区的建设从一开始就重视国际化发展。许多高新区已经成为国际科技园区协会（IASP）、亚洲企业孵化器协会（AABI）、美国企业孵化器协会（NBIA）等国际组织的成员。中国政府还组织了 10 个高新区作为亚太经济合作组织（APEC）园区，成为中国对亚太地区国家开放的窗口。近几年来，中国科技部还与相关国家合作建立了中美科技企业孵化器、中俄科技园、中英科技创业园和中国火炬（新加坡）高技术创业中心等 7 家海外科技园，为促进国际技术转移打下了基础。

②中国科技园区是外国高技术企业向中国投资的承接地。在中国的高新区，跨国高技术企业为数众多，包括英特尔、通用、日立、东芝、丰田、三星、奥迪、松下、大众、思科、甲骨文等数十家位列财富 500 强的世界著名高技术企业在中国设立了研发机构或制造工厂。此外，中国一直致力于建设国际企业孵化器，促进国外科技型中小企业到中国发展和中国科技型中小企业到其他国家发展。

③中国科技园区是中国技术与技术产品出口的基地。近年来，越来越多的中国高新技术企业从高新区走向世界，越来越多的中国高新技术产品走进了人们的生活。目前，25 个国家高新区已经成为国家高新技术产品出口基地。2018

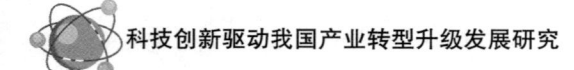

年，国家高新区实现出口总额 3.7 万亿美元，同比有所增长。中国孵化器的企业在软件出口等方面也取得了很大进展。

在竞争中合作是高科技产业发展的一条规律。在经济全球化背景下，扩大国际合作与交流，推动跨国技术创新合作已经成为许多国家的重要战略选择。我国"十三五"发展规划绘就了宏伟蓝图，要实现预定的目标，不仅需要全国人民的共识与合力，也需要更广泛的国际合作。中国未来将更加开放，这种开放是双向交流，不是单向输入。中国的高新区将推动中国科技园区与国际创新机构及创新企业之间的广泛合作，广开渠道、搭建平台、创造条件。

三、科技园区技术创新对区域经济发展的作用

（一）科技园区技术创新与区域经济发展方式转变

1. 科技园区技术创新与区域生产方式转变

科技园区技术创新具有渗透性，可渗透到区域绝大多数产业部门，进而转变区域的生产方式，提高区域的生产效率。科技园区技术创新改造区域传统产品，促进产品升级换代；改造区域传统设备，提高技术水平；改造区域传统工艺，加快生产过程自动化；改善区域企业管理手段，促进管理科学化、信息化。科技园区技术创新为区域劳动对象的改造和应用开辟了新的空间，随着社会生产力的发展，劳动对象的革新和应用对于社会生产起到的作用越来越大。

2. 科技园区技术创新与区域资源使用效率

科技园区技术创新可以提高区域自然资源的使用效率、历史文化旅游资源的保护开发效率、人力资本的存量和市场的资源配置效率。

①对区域自然资源而言，科技园区技术创新可以通过兴修水利、疏导交通、改良土质等手段改善自然资源的存在形态；通过新技术的应用以及技术手段的改进，增加自然资源的利用价值；技术创新可以有效地缓解自然资源禀赋在不同区域的不均衡矛盾，弥补部分地区在某些资源禀赋方面的不足，有效地缓解区域资源储存不足的供求矛盾，降低社会生产对区域土地、矿产、能源等资源的依赖程度，从而为区域经济发展创造有利条件。

②对历史文化旅游资源而言，科技园区技术创新可以为区域历史文化遗产的开发提供新的手段，促进人们对历史文化旅游资源的开发与保护，积极开展历史文化旅游活动，变历史文化资源优势为产业优势和经济优势。

③在区域人力资本方面，通过科技园区技术创新活动，可以引发和促进劳动力资源的形态向知识化、技能化方向转变，可以提高资本的使用效率与产出效益，为区域经济发展提供优良的人力资本与货币资本，从而有力地推动区域经济的快速发展。

④在市场方面，科技园区技术创新能推动区域企业提高产品质量以及降低生产成本，增强区域产品的市场竞争能力和市场开拓能力，促进市场网络体系的完善以及市场信息的交流，从而提高市场的区域资源配置效率。

3. 科技园区技术创新与区域产业成长

科技园区技术创新的主要对象和载体是区域产业，从产业发展史来看，技术创新是产业成长的根本动力。科技园区技术创新与区域产业的形成和发展之间的关系重点表现在技术产业化过程中，在这一过程中既有新产业的产生，也有旧产业的发展和更替。

①科技园区技术创新是区域新兴产业形成的根本推动力。20世纪产生的尖端科技，如生物工程、生物医药、光电子信息、软件技术、智能机械、超导技术、太阳能技术、太空技术、海洋技术、环保技术等，有力地支持和促进了生物工程产业、生物医药产业、光电子信息产业、软件产业、智能机械产业、超导产业、太阳能产业、太空产业、海洋产业、环保产业等一系列新兴产业的形成和发展。这其中许多技术创新都是在科技园区中实现的，其从根本上推动了科技园区新兴产业的形成。

②科技园区技术创新推动了区域产业持续成长。在区域新兴产业的发展过程中，只有那些不断进行技术创新的企业才能成为竞争的胜利者。即便是竞争的胜利者，也要通过持续的技术创新才能维持其优势；而被迫退出竞争的失败者，也只有通过不断的技术创新，才可能另谋生路。在这个过程中，任何等待与观望都意味着放弃发展、坐以待毙。所有企业都必须通过技术创新保持竞争优势并不断寻求新的发展机会。正是通过科技园区企业技术创新的巨大推动力，区域产业才会持续成长。

（二）科技园区技术创新与区域产业竞争力提升

技术创新在全球化竞争的背景下，更加体现为一种竞争力。考察各国的优势产业发展历程，我们可以清楚地看到，科技园区、技术创新在区域产业竞争力的提升过程中发挥着巨大且不可替代的作用。可以说，没有科技园区技术创新，一个区域的产业竞争力也就无从提高。因此，对科技园区技术创新与区域产业竞争力提升的机理进行研究，具有十分重要的意义。

科技园区技术创新促进区域产业结构优化，决定着区域单个产业部门的发展趋势，决定着区域产业更替的有序演变，技术创新群的扩张或收缩就是区域产业更替的主要实现方式。科技园区技术创新及其扩散效应决定着区域产业结构变迁的方向。科技园区技术创新促进区域产业产品实现差异化，在产品差异化理论中，厂商将产品差异化视作一种主要的战略变量，通过产品本身具有质量差异，或提供附加服务等影响消费者的偏好并确立自己的品牌优势，以此避免激烈的价格竞争所导致的产品市场占有率下降和产品利润降低。通过产品的差异化，可以满足消费者的多样性和个性化需求，使产品具有不完全替代性，提升企业的竞争力。科技园区技术创新能促进科技园区企业产品实现差异化，提升企业的竞争力，进而提升科技园区所在区域产业的竞争力。科技园区技术创新一方面可以提高区域原有产业产品的质量，另一方面也可以生产出高质量的新产品。因此，科技园区技术创新能提高区域产业产品的质量，进而提升区域产业竞争力。

（三）科技园区技术创新与区域经济制度创新

1. 技术创新与制度创新的关系

对于技术创新与制度创新的关系，有三种不同的理论：新制度经济学的制度决定论、技术创新学派的技术决定论和马克思主义社会结构理论。以下介绍前两种理论。

（1）新制度经济学的制度决定论

首先将制度因素纳入经济增长模型分析的是新制度经济学。在理论和实证分析中，由于制度因素受到了学者极大的重视，导致人们普遍认为制度创新对经济增长和社会发展起着决定性作用。因此，他们主张制度决定论。制度决定论的杰出代表诺思指出，对经济增长起决定作用的是制度因素而非技术因素。在技术创新和制度创新的相互关系中，制度创新决定技术创新，积极而有效的制度环境会促进技术创新，落后而无效的制度环境将阻碍技术创新，甚至可能扼杀技术创新。他们虽然承认技术创新对制度创新的作用，但是仍然认为有效而稳定的制度创新才是经济增长的决定性因素。同时，制度创新才是影响社会发展的主要因素。在现有的制度环境下，技术创新终究会停滞，只有通过制度创新才能促使技术创新的产生和发展。

（2）技术创新学派的技术决定论

与制度决定论相对立的是技术决定论。它也是由西方主流经济学家提出的，并在许多学科方面都有很大影响。所谓技术决定论有三层含义：一是技术是自主的，技术创新是技术内在的逻辑产物；二是技术创新在经济增长过程中起决定性作用；三是技术创新决定制度创新。在技术创新与制度创新的关系问题上，技术创新学派的杰出代表凡勃伦认为，是技术创新决定制度创新，而不是制度创新决定技术创新。技术决定论者，将技术创新视为经济增长的主要因素，强调技术创新在现代经济增长中的决定性作用，并且在进行经济分析时，前提始终是不考虑制度结构，同时假定其与经济增长无关，由此肯定了技术创新对制度创新的决定性作用。

2. 科技园区技术创新与区域经济制度创新的互动关系

区域制度创新是科技园区技术创新的支撑和保障。区域制度创新有利于支持和保障科技园区技术创新。科技园区技术创新要持续进行，必然需要相应的区域制度安排作为支撑和保障。技术创新的超前性要求区域建立鼓励探索、允许失败的保障制度。技术创新的高风险性要求区域建立相应的保险和约束机制。技术创新的高收益性要求区域建立相应的分配制度。

科技园区技术创新是区域制度创新的源泉和动力。区域制度创新为科技园区技术创新提供了更为广阔的创新空间和宽松的创新条件，激励进一步创新。而随着技术创新的不断进行，生产力也不断发展，生产力的发展迟早会冲破旧区域制度的束缚而导致区域制度创新。

第二节　科技园区与科技创新孵化

一、科技园区科技企业孵化器概况

（一）科技企业孵化器的概念与基本特征

1. 科技企业孵化器的概念

孵化器由美国人约瑟夫·曼库索在1959年首次提出，是一种新型的社会经济组织。孵化器引入经济领域，指一个集中的空间，能够在企业创办初期，通过提供研发、生产、经营的场地，通信、网络与办公等方面的共享设施，系统的培训和咨询，政策、融资、法律和市场推广等诸方面的服务和扶持，从而降低创新企业的创业风险和创业成本，以提高企业的成活率和成功率。

科技企业孵化器应该强调它的科技企业孵化功能，即科技企业孵化器所提供的服务设施和相关的服务体制因素。随着环境的不断变化，科技企业孵化器的不断发展，科技企业孵化功能成为科技企业孵化器区别于其他经济组织形式最为突出的表现。因此，把科技企业孵化器定义为专门促进和扶持初创企业成长的设施和相关服务体制，在一定程度上抓住了孵化器最为突出的特征。

2. 科技企业孵化器的基本特征

科技企业孵化器的基本特征就是专门培育中小型科技企业的成长，其重点是推动在孵企业开展技术创新，推动区域创新体系的形成，并持续不断地提升这一体系的竞争优势。科技企业孵化器的基本特征主要表现在以下几个方面。

①聚集创业资源。集聚是企业孵化器的本质特征，在内部集聚创业者，形成创业文化；在外部集聚创业服务资源，提高创业扶持的效率和效益。

②节约创业成本。孵化器为企业服务时，非常重视"经济"或"节约"的原则，对资源进行"归类"和"集成"，让众多的企业同时分享到这些资源。

③推动企业集群化发展。企业集群对于区域经济的发展起到积极的作用，是区域竞争优势的源泉。

④提供创业服务。企业孵化器服务于高科技企业，又直接或间接地参与到科技企业的创新创业活动过程中。它是服务业的重要组成部分和特殊形态，孵化器已经从提供服务向通过直接投资来参与企业的创新创业过程等形式转变。

⑤培育创业企业。这是我国发展科技企业孵化器的另一主要目的。孵化器不仅是创新的平台，也是科技创业的平台，孵化器要推动入孵企业的技术创新创业活动，通过提供服务，直接或间接地参与企业的创业过程。

（二）科技企业孵化器的功能

科技企业孵化器在推动高新技术产业发展、完善国家和区域创新体系、繁荣经济方面发挥着重要作用，是科技型中小企业生存与成长所需要的制度安排，具有重要的社会经济意义。具体而言，科技企业孵化器的功能主要有以下几点。

①为科技型中小企业提供支持。这主要表现在：向新建中小科技企业提供场地和后勤服务；协助企业家制订经营计划；提供科研设备；帮助企业解决资金问题；帮助企业开拓市场；提供律师和会计师等专业服务；对企业工作人员开展培训；发现人才；鼓励创业精神，树立成功的企业家样板。

②促进区域经济发展。科技企业孵化器以当地的资源为依托，通过其所创建的局部创新环境，优化整合和配置当地的资源，培育成功的企业。这些成功企业从孵化器毕业后往往会留在当地，成为当地经济发展的新增长点。

③推动企业的技术创新。发展到现在，世界各国孵化器的主要趋势就是孵化器与科技的结合，推动在孵企业的技术创新。

（三）科技企业孵化器的运行机制

为了更好地探讨我国科技企业孵化器的运行机制，我们以科技企业孵化器是否营利作为分类标准，将我国科技企业孵化器划分为三种典型类型——政府主导的科技企业孵化器属于非营利性质，企业主导的科技企业孵化器属于营利性质，大学主导的科技企业孵化器部分具有非营利性质且部分具有营利性质。

1. 非营利性科技企业孵化器运行机制

非营利性科技企业孵化器，也叫社会公益型科技企业孵化器，其不以营利为目的，生产的产品是企业、企业家、劳动就业、新增税收等公共产品，具有天然的公益性质，基本具备非营利组织的特征，有其独特的组织结构和运行特征。非营利性科技企业孵化器，投资主体通常是政府部门，管理人员一般由政府派遣，运作经费主要来自政府全额拨款或部分拨款，以创造创业条件、服务孵化项目、培育创新企业、增加当地就业为追求目标。以政府为主体的非营利性科技企业孵化器，通常按照事业单位模式设计部门。一般来说，政府主导的科技企业孵化器有如下部门。

①项目招商部。负责招商引资，项目洽谈，企业进驻审批，收集各类科技、经济信息和市场情报，推荐投资合作项目，文件翻译，企业工商注册服务等工作。

②产业服务部。负责企业生产、科研、市场营销、财务管理、知识产权、标准化等全过程服务，内资企业工商注册、税务登记"一条龙"服务，进驻企业毕业认定，协助处理高新技术企业、产品和各类项目的申报，企业数据统计和科技中介机构的管理等工作。

③综合服务部。负责孵化基地的对外宣传、接待、文秘、文档、内部财务管理、信息调研和内部管理等工作。

④物业管理部。负责后勤服务工作，包括水电设备、环境卫生、安保等各类物业后勤配套服务等。

⑤信息服务部。对内负责收集各类信息、计算机网络管理及技术信息服务等工作；对外负责收集各类与在孵企业相关的产品及技术信息，并进行内外信息交流。

2. 营利性科技企业孵化器运行机制

营利性科技企业孵化器，通过提供各种孵化资源的有偿使用，包括房租、物业服务、商业服务、增值服务、投资、政府资助、有偿服务收入以及赞助等，取得其维持运行和发展的收入。营利性企业孵化器完全按照企业方式经营运作，

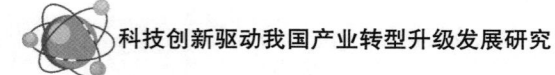

以资产保值和增值为经营目标，以孵化培育创业企业为经营手段，最终既达到社会目标——培育科技企业，又实现经营目标——盈利。营利性科技企业孵化器要实现营利目标，必须具备一定的硬件和软件条件，归纳起来，主要有以下几个方面。

①一定的空间场所和相应的设施是营利性科技企业孵化器的硬件条件。因为孵化场地既是企业孵化器管理机构所在地，同时也是孵化企业的基地。孵化场所还应当设立共用的孵化区域，在此区域内应当配有一定基础性的服务设施条件，能够向入孵企业提供公共服务，包括物业管理服务、一般办公服务、信息服务等。

②专业管理服务体系是营利性科技企业孵化器的软件条件。专业管理服务体系是营利性科技企业孵化器孵化功能的主要体现，也是其核心内涵。专业管理服务体系涉及初创企业发育各个方面的管理内容，可以划分为财务管理、企业经营管理、法律咨询、商业开发计划、金融投资、市场开发、教育培训、信息交流等方面。

③专业化的管理队伍是营利性科技企业孵化器的核心竞争力。营利性科技企业孵化器的管理队伍负责执行股东、社区等赞助者的决策，向在孵企业提供其所需的各种服务。因此，营利性科技企业孵化器的管理团队应当具备保障初创企业成长的理论知识和实践经验，应当能够洞察入孵企业在发育成长过程中可能出现的问题，能够及时给予指点、帮助和支持，形成工作规范和服务准则，从而全面帮助入孵企业孵化成长并走向成功。

（四）科技企业孵化器与科技园区的关系

1. 国外科技企业孵化器与科技园区的共生发展

科技企业孵化器是把科研成果转变为商品，把发明构想转变为现实，把创业宏图转变为企业的地方，是科技园区技术进步和经济发展的发动机，是科技园区的必备机构，如美国硅谷的"创意实验室"、奥斯汀高技术区的"奥斯汀技术孵化器"等。这是因为科技企业孵化器需要依托良好的环境和条件，包括大批的创业者、大批可供转化的科研成果、良好的创业环境和大量的资金支持。科技园区恰恰最能满足这些需求。

就宏观方面而言，科技企业孵化器其实是科技园区的一种形式。实质上，科技园区本身就是一个大的科技企业孵化器，几乎所有的科技园区都具有科技企业孵化器的功能和作用。英国前首相撒切尔夫人说过："科学园是'孵化厂'，不但要在这里孵出小鸡，将鸡养大，而且要使其中一些成为能下蛋的鸡。"就微观方面而言，科技园区是高新技术大、中、小公司和企业家的孵化器和摇篮。许多科技园区都设有科技企业孵化器或者创业中心。科技企业孵化器是一种为培养新生企业而设计的、受控制的工作环境。该环境的特点是企业尤其是高新技术企业的大量聚集和新企业的快速成长。科技企业孵化器是科技园区内培育高新技术企业的起点，一旦在科技企业孵化器度过了成果转化阶段，就可以在科技园区里进行大规模生产。可以说，科技企业孵化器使企业从无到有，首先创立企业并使其生存下来，而科技园区则使高新技术企业从小到大发展。

2. 我国科技企业孵化器与科技园区的共生发展

我国高新区内的科技企业孵化器亦称创业服务中心，是在国外科技企业孵化器成功经验的基础上，结合本国国情建立的一种以促进科技成果转化、培训高新技术企业的企业家为宗旨，为科技企业创业发展提供必需的各项服务，推动科技企业快速成长的科技服务机构。在我国第一个科技企业孵化器1988年诞生于武汉东湖高新区之后相当长的一段时期内，科技企业孵化器主要在高新区内发展。近年来，随着全国创新热潮的兴起，没有高新区的地区也在积极兴办孵化器，在高新区外兴建的孵化器逐渐增多。

我国的高新区及其科技企业孵化器与国外的高新区和科技企业孵化器一样，形成了良性互动关系。高新区为科技企业孵化器营造了良好的孵化环境，同时科技企业孵化器源源不断地向高新区输送高新技术企业。

科技企业孵化器享有比高新区其他企业更多的优惠政策。随着科技企业孵化器的发展，建设科技企业孵化器已成为各级政府推动高新技术产业化发展的重要手段。高新区内的科技企业孵化器除了享有高新区企业所能享受的国家给予的优惠政策外，各地方也纷纷出台鼓励政策和措施，从资金、税费、土地、人力、风险担保等各方面给科技企业孵化器发展提供了更多的支持。

二、国际孵化器概况

（一）国际孵化器的兴起和发展

孵化器是新生中小企业聚集的含有生存与成长所需的共享服务的系统空间，是一种新型社会经济组织，能够为新创企业提供支持，降低新创企业的成本和风险，提高其成活率和成功率。世界上第一个孵化器诞生于1956年的美国纽约，发展至今已有半个多世纪。孵化器对于推动高新技术发展，增强企业创新能力和促进经济发展都有巨大作用。从孵化器发展历程来看，可以将国际孵化器发展划分为以下三个阶段。

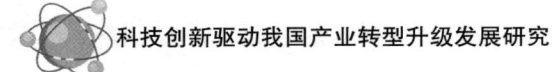

1. 初步发展阶段（1956—1980年）

自1956年第一个孵化器组建以来，在相当长一段时间内，企业孵化器的作用并没有被人们所重视。1963年，美国和英国分别建立了一家孵化器，但孵化器的建立处于缓慢起步阶段，并没有快速发展起来。到20世纪70年代，经济的衰退造成大量的失业人员，为了解决就业问题，美国开始推动孵化器的建设，希望通过孵化器产业的发展来促进创业，从而成为解决就业问题的手段。这一时期，美国孵化器开始蓬勃发展，到1980年，美国已经有12家孵化器。欧洲国家也开始推动国内孵化器建设，到20世纪70年代末，欧洲建立了第一批孵化器。在孵化器初步发展阶段，孵化器建设主要在英、美两国开展，且孵化器的发展速度较慢，并未扩散到全世界。

2. 快速发展阶段（1981—2000年）

1980年后，英、美等国孵化器快速发展，并且孵化了大量的项目。欧洲各国开始以政府为主导，制定政策鼓励发展本国孵化器。欧盟委员会也开始出台大量政策支持欧洲国家建立孵化器。到1998年年底，欧洲共有2 334家孵化器，其中英国有134家，荷兰有203家，德国有191家，法国有172家。

作为全球科技创新载体发展的龙头，美国的孵化器数量更多，到1995年年底，美国共有孵化器750家。孵化器建设由欧美开始向其他发达国家扩散，日本和加拿大等国家相继成立企业孵化器。进入20世纪90年代后，以色列、韩国等亚洲新兴国家开始向欧美国家学习，陆续建立起本国的孵化器。这一阶段孵化器形式更加多元，业务更加专业，出现了生物技术、信息技术等专业孵化器，且孵化器网络化特征更加明显，信息技术在孵化器中的作用日益增强。

3. 稳定发展阶段（2001年至今）

2000年以后，越来越多的国家关注到孵化器对于经济发展的推动作用，纷纷规划建设本国的孵化器，企业孵化器数量以惊人的速度发展，且分布的范围越来越广。发达国家的孵化器数量进一步增长，德国孵化器建设起步于1983年，到2015年，德国活跃着356家孵化器。以色列、韩国等国家的孵化器也快速增长，孵化器对于经济增长的推动作用进一步显著。随着全球经济的稳定发展，发展中国家越来越注重科技在经济发展中的作用，越来越多新兴国家开始建设本国的孵化器。印度在20世纪90年代开始推动孵化器建设，2000年以后，印度孵化器建设保持稳定快速的发展态势，到2015年底，其已拥有100多家孵化器。

而中国的孵化器发展速度更快，作为过去几十年来经济发展最快的国家之一，到 2016 年 4 月底，中国全国创业孵化载体数量高达 7 533 家，其中孵化器 3 255 家，孵化器数量规模跃居世界首位。印度尼西亚、马来西亚、埃及等发展中国家孵化器也开始快速发展。孵化器从最开始在发达国家发展逐渐向发展中国家扩散，且发展中国家成为全球孵化器数量增长的主力军。

（二）国际科技创新载体发展的经验

发达国家科技创新载体发展起步较早，已经形成比较成熟的科技创新载体体系，科技创新载体的发展也推动经济的发展和科学技术的进步。经过几十年的发展，发达国家在科技创新载体发展方面积累了丰富的经验。

1. 政府扮演引导者的角色

政府在科技创新载体发展过程中扮演重要的角色。回顾发达国家科技创新载体发展过程，可以发现在大多数国家科技创新载体的发展过程中政府都扮演着相当重要的角色。第一，在科技创新载体的兴起和发展初期，政府的作用不可忽视。绝大多数国家科技创新载体的成立和发展，都离不开政府的规划和推动。在中国台湾的新竹科学工业园、日本筑波科学城和以色列孵化器等科技创新载体的成立初期，所在地方当局就对其进行了精心的规划，有计划、有步骤地推动科技创新载体的建设，以及制定一系列法律、政策等，同时统一调动各界力量，使得技术、财政、生产、人才、市场等各方面密切结合，形成政府、民间和高校相结合的发展模式。第二，政府制定一系列优惠政策。为了促进科技创新载体的发展，政府制定了相应的补贴、投资和保障等优惠政策。一系列优惠政策降低了科技创新载体的经营成本，促进了科技创新载体的发展。

2. 创建良好的经营环境

良好的经营环境，能促进科技创新载体的发展。一是基础设施方面，科技创新载体的成立，需要相应优质的和完备的基础设施，有些甚至需要医疗、教育、娱乐、休闲等社区生活配套措施。良好的基础设施，一方面提升科技创新载体经营的便利性，另一方面提高了相关工作人员生活的舒适度，有助于增加科技创新载体的吸引力。二是服务保障方面，如中国台湾的新竹科学工业园在园区内引进了关税局、电信公司等，为入驻园区的企业提供"一站式"服务。有些科技园区还提供投资服务、生活福务、仓储卫生等多方面的完善的服务。孵化器的建立，基本都会建立相应的公共服务平台来保障孵化器能更好地经营。良好的经营环境，为科技创新载体、投资者和相关企业营造了良好的服务环境，有利于科技创新载体更好地发展。

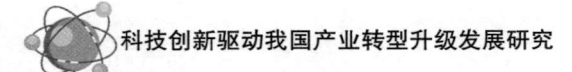

3. 按市场机制企业化运作

不能忽视政府在科技创新载体成立过程中发挥的关键性作用，但是，在科技创新载体经营过程中，发展比较好的科技创新载体基本都在进行市场化经营。政府在科技创新载体的发展过程中，并不直接干预其运作。政府对于科技创新载体的运作的直接管理和指导，会强化市场的作用，限制科技创新载体的自主运营，并不利于科技创新载体的持续健康发展。政府在科技创新载体运行过程中，更多的是发挥引导和服务的作用，通过企业化运作，让科技创新载体参与市场竞争，并通过市场规律配置资源。

科技创新载体引入高素质的经营和管理团队，可增强其在市场上的竞争力，使其在市场上提供更好的服务。市场能够最大限度地激发科技创新载体的潜力，通过市场竞争，科技创新载体不断改善服务，提升自身优势，从而进一步发挥其促进科技创新的作用。

4. 依托并汇聚大量人才

人才是科技发展的基础，纵观世界上发展成功的科技创新载体，都离不开高素质人才的支撑。硅谷在其发展的早期，得益于斯坦福大学持续提供大量的人才和科研技术。时至今日，硅谷内集聚了大量的高科技人才、大学和研究机构，区域内有著名的斯坦福大学、加州大学伯克利分校、圣克拉拉大学等高校，有近万名博士在硅谷内工作。丰富的人才存量为硅谷的发展提供了智力支撑。人才是科技创新的源泉，科技创新载体的发展，离不开丰富的人才资源。纵观科技创新载体的发展过程，成功的科技创新载体都将人才放在第一位。一方面，加大资源的投入，培养相应的高素质人才。另一方面，制定积极的人才政策，提出丰厚的优惠措施，积极吸引更多的人才集聚，为科技创新载体发展奠定坚实的智力基础。丰富的人才集聚是科技创新载体发展最关键的因素。

5. 积极参与国际合作

当今世界处于经济全球化时代，科技进步打破了地理上的阻隔，世界范围内的交流日益密切。一国或一个地区科技创新载体的发展不能与其他地区的发展分割开来。所有科技创新载体都积极参与国际交流合作、走国际化道路，不断学习其他国家发展经验和技术，吸收国外"养分"来发展自己。特别是发展中国家的科技创新载体起步较晚，可以通过国际合作学习发达国家的经验，加速自身科技创新载体的发展。以印度的班加罗尔为例，其鼓励本地区软件公司与外国公司合作，积极吸引外资，提供优惠条件鼓励外国公司在园区内创办独资企业。目前几乎所有的世界著名软件公司在班加罗尔都有分公司或合作伙伴，该地区通过与国际著名企业的合作，利用技术溢出效应也提升了本地企业的技术能力和管理水平。不断学习国际经验，追求与国际先进企业接轨，进行质量管理的国际化，这提升了园区内企业的竞争力，也促进了本地区科技创新载体的发展。

三、留学人员创业园与海外科技园

在科技企业孵化器，留学人员创业园与海外科技园是两类专门孵化器。这两类科技企业孵化器具有明显的国际化特征。

（一）留学人员创业园

1. 留学人员创业园发展概况

进入 20 世纪 90 年代，越来越多的海外学子学成回国，希望学有所用、报效国家。留学人员是国家的宝贵财富，是我国人才资源的重要组成部分。做好留学人员工作，是我国整体性人才资源开发利用的一项重要任务。党中央、国务院历来高度重视留学人员工作，确立了"支持留学，鼓励回国，来去自由"的方针，在促进留学人员回国工作方面取得了很大的进展。

留学人员创业园是专门为海外留学人员创办的，是为了积极吸引留学人员回国创业而创办的，以充分利用海外留学人员的先进技术和管理理念推动我国经济发展，提高我国科技水平。这类孵化器除了提供一般孵化服务以外，还向海外留学人员提供特殊的优惠政策。

从 1994 年我国第一家留学人员创业园成立至今，全国除西藏外，各省市都有了留学人员创业园，沿海省市更有多个创业园。目前，经国家科技部、教育部、人力资源和社会保障部和国家外国专家局共同批准设立的国家留学人员创业园试点单位共 21 家。

随着我国留学人员回国创业人数的不断增加，在留学人员创业园里从单个创业向团队化创业发展趋势明显，一园多基地或一区多园模式渐成趋势。专业性孵化器发展势头转强。留学人员创业园已不仅是留学人员回国创业的梦想园，更成为我国科技创新的一个重要基地。

2. 留学人员创业园的功能

（1）吸引和培育高素质人力资源

许多留学人员不仅学有所长，还在国外一些企业或研究机构工作过，积累了丰富的工作经验，他们是我国发展高新技术产业急需的人才。他们带着先进

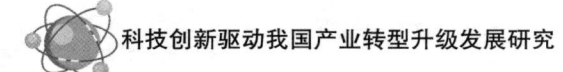

的技术成果、先进的管理理念以及资金回国，这无疑会加快我国高新技术产业的发展速度。通过留学人员创业园这一平台可以实现留学人员回国创业的理想，同时，留学人员创业园也成为培养企业家的摇篮。

（2）缩短我国与发达国家在高新技术方面的差距

海外留学人员带回的先进技术，主要集中在电子信息、生物医药、新材料、新能源、先进制造及环境保护等领域。这些高新技术领域是未来国家竞争的主要领域，而在这些领域，我国同世界发达国家相比，还存在着一定的差距。留学人员的技术和研究成果可以直接缩短我国与发达国家之间的距离，同时还可以搭建一座国际技术交流与合作的桥梁。

（3）加速高新技术成果转化

留学人员创业园具有利于留学人员科技成果转化的环境和条件。国家各地方政府制定留学人员回国创业的优惠政策，各创业园区制定特色政策，为留学人员创办的企业整合资源，提供孵化服务。同时，创业园区鼓励留学人员创办的企业以市场为导向，开发具有良好市场前景的技术和产品，将技术与市场紧密结合，提高科技成果的转化率。

（二）海外科技园

中国海外科技创业园是根据我国与外国政府签订的科技合作文件的相关内容，由我国科技管理部门、高新技术产业开发区或其他创业服务机构和企业组建，并经科技部批准的，依照有关法律和政策规定的程序，在相关国家设立的科技创业服务性机构。建设海外科技园是我国政府全面贯彻落实"坚持'引进来'与'走出去'相结合，全面提高对外开放水平"的重要举措。海外科技创业园通过为入驻园区创业与发展的企业提供全面、高效的服务和保障，推动我国高新技术产业的国际化。

我国到国外兴办海外科技园是为了使科技型中小企业和研发机构"走出去"，开拓国内、国外两个市场，搭建平台是企业孵化器国际化重要的一步，是科技经济界实施"走出去"战略的一项举措。

2005年11月，商务部和科技部颁布的《关于鼓励科技型企业"走出去"的若干意见》，就提出了建立海外科技企业孵化器，并规定了优惠政策。目前，中国已在新加坡、美国、英国、俄罗斯、奥地利、澳大利亚等国建立了海外科技园，为中国企业和科研机构实施的"走出去"战略搭建有效平台。

中英科技创业园是中国在欧洲设立的第一个国家级海外创业园，旨在为中英两国的研究人员、投资者、企业提供一个相互加强合作的平台。它是中国科技企业到英国和欧洲其他国家创业的通道,也是英国和欧洲其他国家了解中国科技企业及产业发展的窗口,将为进一步推进两国的科技交流与产业合作发挥重要的作用。

中英剑桥科技创业园是中英两国政府间的科技合作项目。中英剑桥科技创业园可以帮助中国企业,特别是科技型企业"走出去",到海外寻求技术合作伙伴,提升产品国际竞争力的同时把海外先进技术、资金和智力"引进来"。可以说,中英剑桥科技创业园是中英两国关系发展的一座里程碑。此外,2018年5月,纽卡斯尔启迪科技园正式开业运营,其旨在依托英国北部地区的丰富科技创新资源,在海上可再生能源、海洋工程、生物医药等领域开展科技创新企业的孵化培育,完善当地创新创业生态系统,为经济增长提供新动力。

第三节 科技园区的发展与人力资本

一、人力资本与科技园区的发展

(一)人力资本的内涵

人力资本是资本的一种类型,经济学家对于人力资本的定义争议比较大,其中有代表性的关于人力资本的内涵有如下观点。

①人力资本的内容。人力资本指劳动者的知识、技能、体力和健康等状况;也指国民的道德素质、信誉和社会关系之下节约的交易费用。

②人力资本的形成。通过劳动者的人力投资增加了人力资源,从而能够影响劳动者未来的消费能力。

③人力资本的内容和形成。劳动者通过对个人的知识、能力等投资提高了其未来收益的能力,也能提高劳动者的生产能力。

(二)人力资本与科技园区的关系

在科技园区的发展过程中,人力资本发挥着重要作用。科技园区的高新技术产业需要具有知识和技能的人才,这样才能保证科技企业的可持续发展与创新。与此同时,科技园区的企业也会对公司员工进行必要的培训,并通过有效的竞争和激励机制来提高员工的岗位技能,调动员工的生产积极性。只有拥有知识才能不断创新,高技术产业才能不断有新的发展。科技园区的发展需要各种各样的人才聚集,科技园区的创业者也是推动经济发展的主体,推动高新技术不断地创新与发展。

二、我国产业转型升级进程中创新型人力资本开发对策

根据对创新型人力资本测度、产业转型升级影响因素分析、产业结构转型升级效果评价等内容的研究成果，采取有效措施，有针对性地增加区域内创新型人力资本的存量，优化创新型人力资本投资及运行保障机制，从而提升产业转型升级的效果。

（一）优化创新型人力资本投资机制

1. 积极指导创新型人力资本投资

依靠政府积极推动人力资本价值提升，提高国际竞争力，已成为世界各国转变经济发展方式的共识。因此我国应从战略高度上重视人力资本价值提升，将人力资本价值提升和高新技术产业发展作为国家战略重要组成部分。政府要从制度上加强对高新技术发展进行规划和指导，不断修订和完善法律法规，保证人力资本价值提升的有效性和对经济发展影响的持续性。

2. 持续推动教育资源的合理分配

一是国外发达国家和新兴工业化国家在提升其人力资本价值、转变经济发展方式等方面积累了丰富的经验，资源型城市产业多为劳动密集型产业，需要大量的劳动力。创新型人力资本自身具有追求价值实现的特点，可引导载体实现自发流动，由低端产业向高级产业、由劳动密集型产业向知识技术密集型产业转移，实现劳动力由农村向第二、三产业的流动。推动教育资源合理分配，促进农村基础教育和职业教育发展，提升农村人力资本的创新能力可为资源型城市产业转型升级源源不断地输送高层次的劳动力。

二是优先发展高等教育，持续推动教育资源合理分配。加强"产学研"合作，有针对性地开展调研活动，预测市场对高素质人才的需求趋势。政府、企业和学校应该更加明确自身的社会责任，政府要从政策、资金等方面支撑高等教育的发展。增强对区域产业转型升级的宏观把控力，为吸引和培育创新型人才提供便利条件；企业应制订中长期人才需求规划，并将此需求反映给政府与高校；校方则要在政策指引与市场调节下，调整与优化高校专业设置，积极开展创新教育和实践，使其与产业发展要求保持一致，提高人才培养的适用性和实用性。

3. 建立有效的教育培训和科技开发投入机制

保证资金投入是提升人力资本价值的重要条件。政府要有目标地加大教育

培训和科技开发投入力度,重点保证高新技术产业关键技术领域的资金投入;制定法规,鼓励企业增加教育培训和研发投入,实行不同形式的税收减免政策;建立风险投资机制;多渠道吸引资金投入。

4. 重视培养和配置科技创新型人才

要重视科技教育,大力培养创新型人才,将培养科技人才列入政府重要计划,以适应高新技术产业发展对科技人才的需求;促进人才流动,以建立适应高新技术产业发展的人才结构;通过政策引导、利益驱动和教育促进科技人员在高新技术产业领域就业;吸引国外优秀人才,使其带来新的科技知识和研究方法,节约人才培养时间和经费。

(二)建立健全创新型人力资本开发保障机制

1. 树立科学的人力资本价值观

鉴于我国经济发展的问题,我们必须立足于创新发展战略。

一是树立人力资本价值提升的战略观念。政府、企业应将人力资本价值提升作为一项战略任务和系统工程,紧抓不懈,使之与我国产业结构转型升级整体战略相匹配。根据我国发展战略和长期目标,改善人力资本价值结构,扩大我国高层次人才的规模。

二是树立人力资本价值运营观念。合理投资、优化配置、充分利用人力资本,保证人力资本价值的持续积累,提高人力资本价值提升的投资、配置和使用效率。

三是树立科学的人才观。经济发展需要各种各样具有不同专业智能的人力资本,要特别提升企业家和科技人力资本的社会地位。

2. 确立创新型人力资本优先开发战略

前人研究成果和我国经济发展实践都表明:保持产业竞争持久优势,必须转变产业发展方式。而完成这一转变,在技术水平一定的条件下,必须确立创新型人力资本优先开发战略,加速创新型人才的培养,以创新驱动产业发展。

转变产业发展方式,强化人力资本是"首要资本"的意识,确立并实施人力资本优先开发战略,提升人力资本价值,激发人力资本的主动性、积极性和创造性,积极为实现我国产业转型升级目标贡献力量。

基于创新型人力资本短期内无法复制和模仿的特性,我们应采取一系列具有重大意义的战略规划、人力资本发展部署和管理行为,以获得产业持久的竞

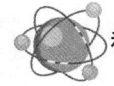

争优势。因此，创新型人力资本优先开发战略，对于加快产业转型升级有重要意义。

3. 强化创新型人力资本投资理念

研究表明，人力资本投资形成潜在于人力之内的生产能力，是一种间接、长期的投资，具有累积效益、成效显现缓慢的特点。我国由于重物质资本投资而轻人力资本投资，结果造成我国人力资本价值存量不高，各大产业发展创新能力均有不足。因此，要提升人力资本自主创新能力，为我国产业结构转型升级注入源源不断的动力。

（1）实现创新型人力资本投资优先战略

实现创新型人力资本投资优先战略需要做到以下几点。一是要充分认识创新型人力资本投资的重要性，因为创新型人力的创新特性对经济发展贡献潜力远远大于传统的人力资本和物质资本，是一种最有价值的长期投资。二是创造优惠条件吸引各方高层次人才，实行创新型人力资本借贷策略，获得创新型人力资本投入与转移的"后发利益""带动效应"。三是政府在创新型人力资本投资中发挥主体作用和带动作用。政府在创新型人力资本投资中发挥主体作用能够弥补投资的不足，消除市场失灵带来的缺陷，对社会创新型人力资本投资起到示范和引导作用。

（2）落实创新型人力资本投资政策

由于创新型人力资本培养投入大、收效慢、风险高等，私人投资风险很大，政府需制定良好的创新型人力资本投资政策，并保证创新型人力资本投资政策落到实处。一是中央政府应制订创新型人力资本培养规划，各地方政府应根据规划，制定符合地方实际的创新型人才培养计划，并逐步实施。二是要落实教育经费投入。如何保障占 GDP 总量 4% 的教育经费落到实处，需要中央财政和地方财政密切配合，建立有效的沟通和监督机制。三是建立健全现有的 GDP 考核评价机制，将高新技术产业发展水平和质量作为考核地方经济发展的重要指标，引导地方坚决贯彻落实创新型人力资本投资政策。

4. 建立创新型人力资本投资转化运行机制

加大创新型人力资本投入力度只是扩大其存量的第一步。这其中还要注意投资转化效率，避免不必要的损耗。相关研究表明，我国三大产业从业人员综合素质能力偏低，创新发展能力不足，即便是现有的高层次人才也未能充分发挥其对产业发展的作用。因此，我们应该重视人力资本价值提升的投资和管理，加快人力资本价值提升速度，为经济发展提供动力支撑。

（1）完善社会公共服务体系，提升人力资本价值

人力资本价值提升受教育培训、科技开发、卫生保健、社会保障和公共服务等因素影响，这些因素也影响到经济发展方式转变进程。人力资本智能价值在经济发展中的作用也越来越重要，人力资本智能水平成为经济发展方式转变的关键因素，产业结构转型升级的根本动力就是如何提升人力资本价值。

（2）构建合理的人力资源配置与激励机制

创新型人力资本可以有效提高企业产品的竞争力，国有企业、民营企业都要对不同层次的员工实施个性化的培训与激励措施，建立目标管理体系，使各层级管理者主动提高人力资本转化与产出效率。

（三）完善创新型人力资本管理机制

对于产业结构转型升级效果评价和创新型人力资本对产业结构转型升级支撑能力的研究表明，创新型人力资本质量与水平很大程度上影响产业转型升级的效果。案例研究表明，我国创新型人力资本分布不均，地区差异较大；创新型人力资本培养、流通机制不健全，导致创新型人力资本规模较小、质量不高等现象。因此，在现有创新型人力资本存量的基础上，优化组织管理，完善各项制度，加大政策、资金支持力度，促进创新型人力资本开发，对加快我国产业结构转型升级具有重要的现实意义。

1. 完善创新型人力资本投资机制

这是扩大人力资本价值存量的基本保证。创新型人力资本投资主体包括国家、社会和个人。我国应立足国情，借鉴其他国家经验，合理界定各投资主体在创新型人力资本投资中的作用。一是政府发挥创新型人力资本投资的主导作用，综合运用财税等手段，制定有效的激励政策，激励并引导用人单位和其他社会力量加大人力资本的投入力度，形成人力资本投入的途径和来源多元化的体系。二是积极调动民间资本的主动性和积极性，为充分发挥企业、家庭和个人在创新型人力资本价值提升中的重要作用，建立合理的投资收益风险承担机制，鼓励民间创新型人力资本投资。

2. 完善创新型人力资本配置机制

市场经济法则表明，各种生产要素自由流动，才能发挥最大效用。创新型人力资本作为一种特殊的生产要素，只有保持一定的流动性才能保证一定的活力。因此，建立有效的创新型人力资本配置机制意义重大。一是完善人才资本流通市场，使创新型人力资本在自由的市场竞争中找到最佳位置。二是优化市

场环境，包括工作环境和薪酬条件。由于创新型人力资本具有不可分离和不可复制等不同于其他生产要素的特殊性，优越的市场环境才能使其价值最大化和最优化地发挥。三是完善我国产权制度。以明确的法律法规为依据，明晰创新人力资本的产权属性，推进人力资本的专业化、信息化、产业化、社会化和国际化的市场服务体系建设，形成人力资本价值优化利用的联动机制，以此促进创新型人力资本在我国区域间、产业间合理配置，促进产业结构转型升级。

3. 完善创新型人力资本使用机制

长期以来，我国在经济发展的过程中，更多关注经济本身的发展，却忽视了人力资本的使用问题，特别是缺乏有效的激励机制。已有研究表明，我国主要侧重于微观领域，宏观人力资本激励则较少。其实，创新型人力资本价值存量只表明创新型人力资本价值主体所具有的潜在价值，如何使潜在价值转化为产业结构转型升级的推动力，必须研究创新型人力资本价值提升的实现机制。有效的激励机制，能较好地促使创新型人力资本积极主动地获取新知识、新技能，为我国产业结构转型升级提供强大的智力支持。

大量的调查研究和案例分析表明，我国产业结构转型升级需要强大的创新型人才存量支撑。通过强化我国创新型人力资本政策引导机制、投资保障机制、开发运行机制以及流动管理机制等方面的建设，可以有效地提升我国创新型人力资本存量和水平，发挥其在产业转型升级中的价值效能。

第七章 农村第一、二、三产业融合的实现

随着新技术革命的逐步推进,第一、二、三产业之间的边界不再那么清晰,产业发展走向产业融合的程度不断加深。通过加强农村第一、二、三产业的横向融合,创新产业融合模式,不断完善产业融合的外部环境的方式,可以进一步推动复合型、技术型人才的培养,助推农村产业振兴,促进农民收入持续增加。本章分为我国农业发展的现状与产业结构升级,产业融合的理论基础,农村第一、二、三产业融合,乡村振兴战略,农村第一、二、三产业融合的实现机制五部分。本章主要内容包括我国农业产业结构升级、产业融合的内涵、农村三大产业融合的必然性等。

第一节 我国农业发展的现状与产业结构升级

一、我国农业发展的现状

目前我国农业发展存在以下两大突出问题。

(一)农产品数量与质量的结构性失衡

稳产、增产是中国农业生产长期以来坚持的目标。近年来,在各种支农惠农政策的激励下,在粮食产量增加的同时,粮食进口量和库存量也持续增长,出现了"三量齐增"的怪现象,农产品数量的结构性失衡问题日益凸显。随着经济发展和居民收入水平提高,居民的农产品消费需求结构逐步从生存型向发展型和享受型转变,转变为对农产品的质量、安全、口感等的追求。然而,当前我国国内农产品供给仍然是生产主导型,不能充分适应市场消费需求的转变,中高端农产品供给不足,农业多功能开发不够。一方面,我国近年来进口农产品规模和种类不断增加,高品质农产品、有机食品供不应求;另一方面,部分

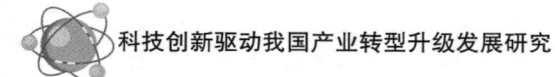

农产品质量难以满足人们的需求，低品质农产品供给过剩，出现滞销。由此可见，我国必须从农业供给侧结构入手，促使农业供给向市场消费主导型转变，调整农产品的品种结构，提高产品质量，注重食品安全，以满足城乡居民不断增长的消费需求。

（二）农业生产的高成本

这是我国农业发展存在的另一突出问题。农业生产成本不断上升，农业的弱质低效问题更加突出，由此导致我国农产品价格高于国际市场价格，尤其是大宗农产品，如粮、棉、油、糖、肉等价格出现全面倒挂现象，产品竞争力较弱。由于生产成本居高不下，我国大宗农产品的效益也一直处于较低的水平。因此，在保证粮食安全的前提下，我国必须通过供给侧结构性改革，解决农业内部产业资源配置扭曲问题，推动农业提质增效。

二、我国农业产业结构升级

我国农业即第一产业变动的总趋势是，其比重将继续下降。农业内部产业结构也有其固有的演进规律：从技术水平低的粗放型农业向技术水平高的集约型农业发展，再向生物、环境、生态等技术含量更高的绿色农业、生态农业方向发展；种植型农业由野外型农业、畜牧型农业向工厂型农业方向发展。第一产业内部结构演变的一般规律可以概括为三个方面：由传统农业向现代农业转移的趋势；农业内部各产业部门协调发展的趋势；农业由分散化经营向产业化经营方向发展的趋势。

我国农业产业结构的升级调整是在农业进入新阶段的大背景下统筹考虑整个农村的产业结构和产品结构、劳动力结构、农产品区域布局以及国内外的需求总量和需求结构等后的一次有序的市场化的战略性调整。

（一）有效发挥政府作用

我国农业产业结构的调整和升级也要遵循成熟的市场机制，才能适应市场的供需要求，以准确反映出消费者的需求和农业劳动者的能力。只有在宏观调控下成熟的市场运行中，农产品的相对价格才能准确反映出农业要素的相对稀缺性。

在当前全球经济一体化的互联网信息时代，市场信息的来源已经扩展到全世界的各个角落。因此要在政府的宏观调控下，提高我国农业的市场化程度，完善农业市场中的供求、价格和竞争机制，运用财政手段促进农业产业及农业基础设施建设等的发展，加强农业信息化服务体系的建设，在国家的政策引导下进行农业项目的经营,使农民及时了解国家对各农业项目的政策倾向,以便及时调整其自身的生产经营活动,运用宏观调控手段保证农业产业结构调整升级的有序进行。

(二)调整第一产业整体结构

农业产业结构调整要求推动传统农业向现代农业转移,实现农业分散化经营向产业化经营方向发展的趋势。要大力发展农业产业化,实施产业一体化经营战略,增加初级产品的附加值,提高农业部门的比较利益,推进农业产业化发展,加速传统农业向现代农业迈进的步伐;还要提高农民的组织化程度,目前我国农业结构调整与前几次的不同之处在于,结构调整受需求约束的强度和受国际与国内经济环境的影响越来越大,发展农民组织,是解决这一问题的根本办法,也是提高农业劳动生产率的重要途径。根据农业的产业化要求和当地的不同情况,采用不同模式,积极促进农民民间组织的发展,积极培育促进农产品出口的主导型产业,可以保证农业产业结构调整的效益。

(三)调整农业内部各部门结构

农业产业结构调整要在保持种植业稳定增长的同时,大力发展其他产业,在保证粮食作物稳定生产的基础上大力发展经济作物;将农村承包责任制下的个体经营、分散经营与市场和社会化服务紧密结合;有效促进畜牧业产业化、社会化、市场化、规模化经营;发展以保护生态环境为主的林业。

(四)调整品种和品质结构

在国际市场上,我国应该重点发展的农产品具有明显的价格优势,但面临着品种不优、质量不高的困扰。我国多数农产品仍然属于初级产品和中级产品阶段,精深加工能力和程度不足,知名品牌不多,外向程度不高,市场竞争后劲不强。要根据各个地方不同的资源优势,调整农产品的品种和品质结构,优化农业产业结构,推广绿色环保型农产品,提高产品质量。

(五)解决好农村剩余劳动力的转移问题

农业产业结构调整的重要动力包括科技、劳动力、资金和政策等。其中,农业产业结构调整的直接目的是促进农业的发展、农村经济的繁荣、农民的增收,最终目的是提高农民的生活水平。而这一切都有赖于如何充分利用农村劳动力,解决好农村剩余劳动力的转移问题,这是农业产业结构调整需要解决的首要问题之一。要积极推进城市化,促使农业人口向第二、三产业转移,这是农业产业结构升级的必经之路。

第二节 产业融合的理论基础

一、产业融合的内涵

实业界对产业融合的关注及实践引起了学术界、政府部门的广泛兴趣,纷纷预测产业融合的发展趋势及相应的管理方式。产业融合作为一种新经济现象,被广大的学术界人士所认识和研究,其主要是围绕信息通信领域展开的。从产业融合发生的历史背景和历史过程来看,产业融合是伴随着人类社会的高级化发展而在特定的历史阶段展现出来的产业发展的必然趋势,有其一定的内在规律性,但这种内在规律性的展示必须具备相应的条件。因此,在信息化的过程中,产业之间界限的模糊化趋势更加明显,产业融合现象出现得更加频繁。可以预见的是,产业融合作为一种普遍意义上的现象,发展趋势将在更广泛的领域展开,给社会经济将带来越来越深远的影响。

在产业融合方面的广泛讨论,并没有对其形成统一的概念及定义,对产业融合概念的表述,可以从以下三个方面展开。

(一)信息通信产业融合

该角度下的产业融合是在数字融合基础之上的产业边界的模糊化。这一定义局限于以互联网为标志的计算机、通信和广播电视业的融合,是狭义的产业融合的概念。其中具有代表性并被引用较多的,主要有如下几种概念。

①产业联盟和合并、技术网络平台和市场三个角度的融合。

②采用数字技术后原本各自独立产品的整合。

③产业融合作为一种经济现象是指,为了适应产业增长而发生的产业边界的收缩或消失,并将产业融合区分为"替代性融合"和"互补性融合"。当用户认为两种产品可互换时,这两种产品便发生了替代性融合;而当两种产品一起使用比分开使用效果更好,或者说它们现在一起使用比以前共同使用的效果更好,则说明这两种产品发生了互补性融合。

④以前各自分离市场的合并以及跨产业进入壁垒的消除。

(二)服务部门结构变化

这是从专业的角度理解产业融合的概念,将产业融合定义为"由数字化所激活的服务部门重构",融合的实质是大众化服务和定制化服务之间的模式转变,是服务于国内市场和国际市场的两种产业结构的转变。

由此可以看出这一产业融合的主要特征如下。
①融合发生在电信、金融、教育、广播等服务部门。
②产业结构变化的融合是融合的本质。
③融合的驱动力是市场竞争中商业利益的追逐。

（三）广义上产业的演化

从广义上理解产业融合的概念，也是产业的演化过程，经济学家对广义上的产业融合的概念也有不同的表述。

①两个或多个以前各自独立的产业，当它们的企业成为直接竞争者时，即发生了融合。产业融合的主体是供需双方，经过机构融合和功能融合两个相互关联的过程进行融合。

②融合的领域不仅仅局限在信息通信业，在包装技术、功能食品和机械工具等领域也有技术融合现象发生，融合打破了产业和市场部门的边界，提供了一个新的竞争环境的技术融合。

③也有学者认为融合无处不在，融合是分离的市场间的一种汇合和合并，是跨市场和产业边界进入壁垒的消除。

以上从三个方面对产业融合的概念进行了表述，也是产业融合概念的演进过程。虽然三个方面侧重点不同，但是产业融合是一种新的经济现象，在很大范围内影响产业的发展，导致产业的结构形态重塑。

二、产业融合的意义

（一）产业融合正掀起一轮新的产业变革

产业融合是相对于产业分化而言的，是指原来各自分立的产业在其边界处融合成一种新型产业业态，从而使原有产业边界模糊或消失的经济现象。产业融合的出现使传统上具有明确产业边界且独立存在的产业，在产业边界融合成长为新型的产业形态，成为价值的主要增长点和经济增长最具活力的源泉，推动着经济的服务化和全球化发展。因而，"产业融合是对传统产业分化的否定，是产业经济的一次伟大变革"，必将对社会经济结构带来深刻的影响。对此予以深入研究无疑具有十分突出的学术理论价值，也必将具有非同寻常的实践意义。

第一，从理论上来看，产业融合的出现带来了一系列产业经济的变革，如产业之间边界的模糊化而带来产业系统结构的重建；企业之间的竞争已不只是

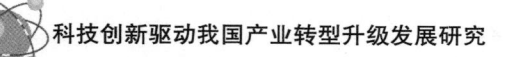

在原来的产业边界之内,而是同时面临产业边界之外的企业的竞争;传统上具有自然垄断属性的服务业,由于其网络可以传送多元化的内容服务,而且网络的跨越时空的特点,使其市场范围得以无限扩张,自然垄断属性弱化;传统的制造业在其服务化的进程中不仅没有衰退反而重新展现出无限的活力。这些变革是建立在产业边界明确前提下的传统产业经济学理论所无法阐释的,需要有全新的理论视角和框架。

目前,国外对产业融合已进行了大量的研究,并取得了丰富的研究成果,但这些研究大都停留在对具体产业融合的现象描述上,而较少予以系统化的理论揭示,因而至今尚未形成成熟的理论分析框架。国内对产业融合的研究起步较晚,始于20世纪90年代后期。早期国内研究主要着重于对国外研究成果的引进介绍,目前则注重于理论分析框架的构建,其中最具代表性的是上海社会科学院周振华研究员的《信息化与产业融合》,该书试图从电信、广播电视和出版等部门中出现产业融合的典型案例出发,将其拓展到更广泛的范围内,建立产业融合的基本理论模型,寻求对产业融合进行一般性的解释,从而将国内产业融合的理论研究推向一个新的高度。但总的来看,产业融合的研究尚处于起步阶段,还存在不少理论空白。从产业系统演化发展的角度分析产业融合作为一种与产业分化相对应的产业演化发展范式之必然,从服务业的产业特性出发系统地探讨服务业产业融合发展的机理及其对经济全球化和服务化带来的深远影响,必将有助于丰富产业经济学理论。

第二,从实践上来看,产业融合的出现带给发展中国家追赶的机会。通过对产业融合的深入研究,有助于各界抓住和利用产业融合的机会,充分挖掘产业融合的潜能,促进产业经济的持续稳定发展。

(二)服务业成为世界全面竞争的战略制高点

第二次世界大战后,西方发达国家陆续进入服务型社会,服务业取代制造业成为最大的经济部分。1970年以来,以信息技术为代表的高新技术的迅猛发展和广泛传播,更是加速了商品和生产要素在全球范围内的流动,并带来了生产方式和管理模式的创新,使原来以物质资本为主导的生产方式逐步让位于以人力资本和知识资本为主导的生产方式,从而进一步深化了全球经济的一体化和服务化进程,服务业也逐步成为世界经济增长的首要推动力。目前,服务业GDP已占世界GDP整体的60%以上,一些发达国家或地区更是高达80%,新增就业机会也大多来自服务业,在发达国家从事服务业的就业人数已占总就业人数的近七成。

此外，服务业已成为国际贸易的重要组成部分，并成为一个国家在竞争激烈的国际市场上获胜的关键因素，因而，服务业及以此为基础形成的服务贸易便成为各国开展全面竞争的战略制高点。

改革开放以后，我国服务业虽然得到了迅猛发展，并已占到国民生产总值的 1/3 以上，但是服务业的发展水平大大落后于国际相同发展水平的国家，与发达国家相比差距更大，因而在竞争激烈的国际市场上，我国企业难以把服务业作为参与市场竞争的重要手段，以获得竞争优势。20 世纪 70 年代以来，以信息技术为主导因素而激活的产业融合，首先发轫于服务业，并主要围绕服务业展开，带来了新的一轮产业革命，使服务业以及整个产业体系的发展模式面临重大变革，从而给我国服务业及整个产业体系带来极大的发展机遇。因此，我们加强对服务业产业融合的研究，不仅可为政府制定推动服务业发展、提升服务业和制造业竞争力的战略政策提供理论上的依据，而且对于我国企业抓住服务业产业融合的机会，寻求竞争优势，更多参与国际竞争而言具有重要的实践意义。

第三节　农村第一、二、三产业融合

一、农村三大产业融合发展的概念

现有的政策和理论界对这一问题虽无定论，但总体上指向较为一致。有的研究者认为农村第一、二、三产业融合发展是通过产业联动、产业集聚、技术渗透、体制创新等方式，将资本、技术以及资源要素进行跨界集约化配置，使农业生产、农产品加工和销售、餐饮、休闲以及其他服务业有机地整合在一起。有的研究者认为这是以产业之间的融合渗透和交叉重组为路径，以产业链延伸、产业范围拓展和产业功能转型为表征，以产业发展和发展方式转变为结果，形成新技术、新业态、新商业模式，带动资源、要素、技术、市场需求在农村的整合集成和优化重组以及农村产业空间布局的调整。

我国所倡导的农村产业融合发展是指，以新的发展理念为引领，以农业农村为基本依托，以第一、二、三产业之间的融合渗透和交叉重组为路径，以农业新型经营主体为基本载体，以利益联结机制为纽带，以发展全域旅游业为重点，通过产业联动、要素集聚、技术渗透、规模经营、体制创新等方式，不断拓展农业功能，促进第二、三产业向农村延伸，拉长农业产业链条，着力打造种养一体、产销一体、"产学研"一体、生产生活休闲一体的农业农村产业新

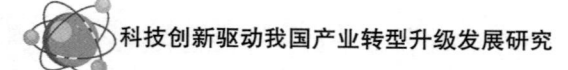

业态、新模式。最终要实现农业发展方式的根本转变，补齐农业现代化"短板"，建立并完善现代农业的新型经营体系、产业体系和生产体系，构建新型工农城乡关系，为从根本上破解"三农"问题创造条件。

二、农村三大产业融合的必然性

（一）农业多功能化的客观需要

作为第一产业的农业，其基础地位在社会发展的不同历史时期、不同阶段通过农业的功能体现出来。农业从传统农业的衣食之源、生存之本的单一功能，到工业社会的生态、文化功能及农业的经济贡献充分展现出来，逐步体现出现代农业多功能性的特征。现代农业的多功能性逐渐受到社会的广泛关注，人们对农业在国民经济和社会发展中的作用和贡献的认识日趋丰富和完善。除了既有的功能认识之外，农业的新功能主要包括粮食安全功能、生态保护功能、社会稳定功能和文化教育功能。

要展现现代农业的多功能特征，就需要打破产业之间的界限，充分利用第二、三产业和科技创新产业的经营理念、技术成果和管理模式，充分利用三大产业资源的配置优势，拓展现代农业产业的发展空间，保障农业粮食安全、保护生态环境、保持社会稳定、传承农业文明，都需要融合三大相关产业，充分展现现代农业的多功能性。

（二）农业可持续发展的客观要求

在农业发展的过程中，工业革命及其技术成果的广泛应用，促进了农业的机械化和农业商品化经营的发展。农业取得突出进展的同时，也和工业和服务业的发展一样，面临着可持续发展的挑战。被称为"石油农业""化工农业"的近代农业，导致能源消耗严重，环境污染加剧。农业发展的资源、环境问题日趋突出。人类所关注的农业可持续发展问题，是社会经济可持续发展的重要组成部分，逐步形成了可持续农业发展共识，可持续农业已经成为当今世界农业发展的一大趋势。

农村三大产业融合发展，信息技术等高新技术在农业投入、农业生产和农业经营管理中的现代化运用，为现代农业协调人口、资源和环境之间的可持续发展提供了重要理论和实践基础。农业发展的可持续包括生态、经济、生产和社会可持续等方面的目标要求，要提高农业生产经营效益，提高现代农业的生产效率、市场竞争力和保证稳定的农业产出，就要在满足人类基本的衣、食、住、行需求的安全供给的同时，改善农村的社会环境，以实现对农业自然资源的可持续利用和对生态环境的有效保护。以产业融合的思路发展现代农业符合中国实际情况，通过产业融合，发展现代农业，是实现中国农业可持续发展的必然选择。

（三）农业现代化的新内涵

随着信息技术的快速革新，产业融合已日益成为不可阻挡的潮流，产业边界日渐模糊，新的产业形态不断涌现，农村产业发展空间得以拓展。近年来，我国农业虽然在与第二、三产业融合上步伐有所加快，但总体上仍处在起步阶段，不仅在生产环节竞争力严重不足，而且在加工环节也面临着巨大的挑战。以信息技术、生物技术、新材料技术、新能源技术为代表的新一轮产业技术革命，为农村产业融合发展创造了技术条件。农村第一、二、三产业融合发展，广泛应用现代农业技术成果，加快高端农业、设施农业、资源节约型农业发展，有利于突破农业产业结构单一、农业发展空间相对狭小的局限，推进农业内部结构调整，有利于减少农业生产对自然资源的依赖，农业发展更多地依靠科技和知识投入，增强农业可持续发展能力，有利于更好地发挥服务业对农业发展方式转变的引领、支撑、带动作用，生产、加工、销售紧密结合，将催生生物农业、智慧农业、休闲农业、创意农业、工厂化农业等新业态，以及农村电子商务、产地直销、会员配送、个性化定制等新模式，优化农业价值链，提高农业竞争力和附加值，推进农业加速转型升级，促进农业实现现代化。

（四）顺应消费结构升级的必然要求

城乡居民消费结构升级以及日益增长的个性化、多样化的消费需求、消费体验成为时下热点，向农村第一、二、三产业供给侧结构性改革发出了强烈的信号。农产品的消费日益多样化、营养化、功能化，初级食品逐步被加工食品和更有营养以及附加值的食品所替代，农业生产从单纯的提供初级产品向精深加工方向发展，必须改变之前以产品特别是初级产品供给为主的现状，不断提高农产品精深加工能力，使农产品供给在品种、质量上更加符合市场需求。根据不断变化的新的消费需求，顺应消费升级规律，以新消费为牵引，催生新技术、新业态、新模式，发挥新消费的引领作用。在挖掘农产品功能的同时，还要发挥农村的资源优势，统筹利用农村自然、生态和文化资源，挖掘农业的生态价值、休闲价值和文化价值，发展乡村旅游等现代特色产业，发挥农业的多功能性作用，为城乡居民提供个性化、多样化的生态、文化产品。

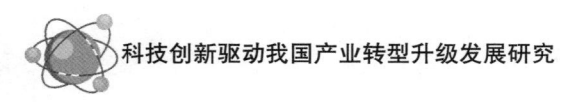

第四节 乡村振兴战略

一、实施乡村振兴战略的重要意义

（一）加快建设社会主义现代化的基础

改革开放以来，我国始终坚持社会主义市场经济改革方向，坚持市场在资源配置中发挥基础性作用，提高资源的配置效率，同时，社会分工越来越细。随着市场经济进一步深入发展，我们需要考虑市场在资源配置过程中的效率以及在分工过程中存在的产业割裂、部门割裂及区域经济之间的割裂问题。解决这些问题的途径，一方面要加强供给侧改革，尤其是农业供给侧改革；另一方面要加大改革开放力度，解决发展中的深层次问题。农业供给侧改革就是通过提高农业供给体系质量和效率，使农产品供给数量充足，品种和质量符合消费者需要，真正形成结构合理、保障有力的农产品有效供给模式。在农业供给侧改革的基础上实现农业对外开放，积极促进我国农业与国际对接，解决发展中高质量供给问题。因此，乡村振兴战略必须坚持在农业供给侧改革和改革开放的基础上实施，最终实现"三农"之间的系列发展，促进城乡均衡发展，实现第一、二、三产业的融合发展、高质量发展。

（二）打造城乡协同发展的依托

近年来，国家对农村水、电、路等基础设施投入力度逐渐加大，农业农村生产生活条件大幅改善。但劳动力大量外流，农业产业空心化问题更加突出，同时，生态环境恶化的趋势尚未得到根本遏制，农业农村社会繁荣发展的形势依然严峻。农村经济在国民经济中所占的份额越来越小，对国民经济增长的贡献能力越来越弱。农村生态环境局部好转、整体恶化的趋势仍在继续，农村增绿任务艰巨。

目前，我国城镇化依然存在一些问题：一是第一代农民工返乡养老的问题；二是第二代农民工愿意留在城市中不愿返乡的问题；三是青年城镇移民没有真正促进城镇化发展，主要体现在他们的生活方式、劳动技能、行为方式以及价值观念方面还需要进一步提高，还需要真正融入城市文化生活中去；四是农村缺少高素质农业生产从业人员，这些人才的缺乏直接影响了农业竞争力及未来城乡协同发展等。因此，乡村振兴要解决的是人、土地、生产生活方式系统发展的问题,是打造未来城乡协同发展的重要平台和手段,最终要解决的是人的城镇化和农业的现代化的问题。

我国农业发展不平衡、不充分的一个突出表现,就是城乡发展不平衡和农村发展不充分。目前,我国工业化、城镇化已发展到相当水平,但农业农村现代化进程却相对滞后,城乡差距依然较大,农业还是"四化同步"的短板,农村还是全面建成小康社会和实现现代化的短板。实施乡村振兴战略,加快推进农业农村发展,是新时代解决"三农"问题的重大举措。从决胜全面建成小康社会,到基本实现社会主义现代化,再到建成社会主义现代化强国,都需要妥善处理好"三农"问题,缩小城乡发展差距,实现城乡互动融合,通过城乡融合发展实现乡村振兴。因此,乡村振兴战略是解决我国新时代社会主要矛盾的需要,是缩小城乡差距、实现城乡协同发展的依托。

(三)破解中国"三农"问题的路径和选择

"三农"问题的解决关系到中国现代化的进度和程度。农村不实现现代化,整个中国的现代化就不可能实现。而继续以传统的农业经济发展带动农村发展,以城市文明替代农村文明,指望城市就业代替完全的农村就业,认为中国农村是城市人力资源和就业压力的蓄水池等,都不是客观态度和科学态度,都难以解决中国的"三农"问题。中国农村的发展必须立足中国实际,立足中国改革开放过程中形成的社会内在力量和农业与其他产业融合的内生力量。乡村振兴战略的提出就是实现农村产业发展,解决农业农村和农民问题的新思路,进而是推动乡村发展,缩小城乡差距的关键手段和路径选择。

相对于传统的"以城带乡、以工促农、城乡一体化发展"的发展思路,乡村振兴战略创新性地提出,建立健全城乡融合发展体制和政策体系,加快推进农业农村现代化发展。乡村振兴战略既一如既往地强调确保国家粮食安全,又创新性地提出了构建现代农业产业体系、生产体系、经营体系、培育新型农业经营主体、健全农业社会化服务体系、实现小农户和现代农业发展有机衔接等新思路。除此之外,乡村振兴战略的提出,促进了农村第一、二、三产业的融合发展,支持和鼓励农民就业创业,拓宽增收渠道;加强农村基础建设工作,健全自治、法治、德治相结合的乡村治理体系;培养和造就一支懂农业、爱农村、爱农民的"三农"工作队伍。因此,乡村振兴战略将助推我国"三农"问题的解决,也是我国实现现代化的路径和选择。

二、乡村振兴建设的基本原则

（一）以富民为本

在乡村振兴建设的过程中，我们要以农民为主体，要始终将农民的需求和利益放在首要位置，充分体现农民的参与性，尊重农民的意愿。

加强乡村组织建设，推动乡村社会管理主体的多元化。要让乡村基层党委政府、乡镇企业及农民参与到乡村社会管理中，保障乡村振兴建设的多元化管理，实现资源供给的多方位保障，使得乡村社会管理资源优化配置。鼓励农民积极参与到乡村管理的事务之中，真正合理利用乡村资源，帮助农民找到致富之路，使乡村振兴建设以农民为本，以农民的富裕为自足之本，真正服务于农民。广大的农村居民是乡村振兴建设的主体，也是乡村振兴建设成果的受益主体和价值主体，要在乡村组织的建设管理中，提高农民对乡村振兴建设的认知水平，培养农民对乡村振兴建设的责任感和参与意识。

乡村振兴建设要始终坚持发展生态农业，使乡村振兴建设与乡村的经济发展协调共进，通过生态农业的建设与发展，把富民理念贯穿于乡村振兴建设的全过程中，走一条生活富裕、生态良好的乡村振兴建设发展道路。

（二）美化乡村景观

乡村景观是在乡土地域自然环境、气候、经济、文化、技术和宗法礼制共同作用的环境中生成、发展起来的，有着深厚的地域文化内涵。乡村振兴建设要坚持乡村各景观和谐共生的原则，乡村振兴建设过程中要遵循乡村自然景观格局，创新发展乡村景观美学。深入挖掘乡村景观的美学和文化价值，结合新时代农村生活生产特点，充分利用乡土特色植物、材料和传统工艺技术，构建新的乡村美学理念，修复地域景观，保护、延续并提升乡村景观风貌。

加强乡村生态景观建设，运用兼具经济价值和景观价值的乡土植物，按照植物群属的结构组织特征，实现有机组合，营造适应四季变化的生态景观，优化乡村生态环境。同时，在乡村景观设计过程中需要充分考虑对地方文化的保护，利用好筑堤、沟渠、砌石等基础设施，优化景观效果，使其兼具生产服务价值与景观价值。要兼顾乡村基础建设与田园景观、林地环境保护的有机统一，尽可能减少对良好生态环境的破坏与干扰。

乡村振兴建设要立足自然山水格局，传承、延续并创新发展地域文化景观特征，实现地脉、文脉、生态和景观格局的有效传承与可持续发展。

(三)发扬乡村文化

乡村文化的发展要注意结合具有乡村特色的生态资源和人文资源,如乡土人情、文化古迹等,让乡村文脉资源融入美丽乡村振兴建设,展现独特的价值。乡村文化是农村几千年发展历史的沉淀,乡村优美的自然风光,悠然自得的田园生活,独具特色的民风民俗,纯朴的风土人情,都是中华多元乡村文化的完美体现。

在乡村振兴建设中要充分融入、突出乡村的民俗风情和乡村特色。乡村文化遗产是一个乡村历史文化和精神寄托的载体,是乡村(尤其是传统村落)中最具特色的人文景观,乡村振兴建设中应当充分发掘乡村历史文化、民风民俗、传统技艺等元素,保障重要文化遗产、原始民俗和文化休闲的用地,通过保护性修复或者场景再现的形式优化文化景观,形成具有乡村地域特征的地标性文化景观。

发扬乡村文化也是十九大提出的丰富乡村振兴建设内涵、提升乡村振兴战略层次的乡村文化建设的"乡风文明"具体工作之一。乡村文化建设是一个系统性的工程,是要推进生态农业的生产发展,提高农民生活水平,发扬乡村优秀传统文化,保护乡村物质和非物质文化,保护我国乡村的农耕文明、游牧文明、海洋文明,以继承和发扬中华民族的优良传统。

在乡村文化建设过程中,要强化乡村的原生态文化传统,不要引入过多的现代化城市元素,要坚持遵循乡村文化的原则。

(四)优化乡村用地

在乡村振兴建设过程中要因地制宜,结合当地的地形地貌,在布局中禁止套用城市总体规划的布局模式,避免对村庄建设造成不必要的破坏。利用村庄自然线条,体现出地方特色。将山、水、湖、林和乡村有效地组织起来,为村民提供环境优美、生态循环、舒适安宁的生活环境。对村庄中各类用地统筹考虑,规划好生活居住用地与生产建筑用地、农业用地及其他用地之间的关系,优化乡村空间布局,合理规划村庄各类用地。

要坚持集约利用乡村土地,因地制宜,避免发展交通不便、人口较少、地理位置偏僻的山区乡村;限制发展基础设施和公共服务设施不到位的基层乡村;重点发展乡镇、城市的中心村;优先发展乡镇政府所在乡村。通过对各个乡村环境承载能力和环保要求综合因素的考察,对乡村空间布局进行调整,对乡镇企业的产业布局合理安排,对乡村振兴建设统一规划设计,实现对乡村用地的优化。

(五)实现乡村生态发展

在乡村振兴建设过程中,我们还要坚持生态发展的原则,强化乡村生态治理,实现乡村生态宜居目标。结合乡村的自然地理环境、乡村社会经济发展水平,切实保护乡村的生态环境和生态特色,实现绿色可持续的生态发展理念。加强乡村振兴建设过程中的组织管理建设,加大对乡村生态建设发展的资金投入力度,完善乡村生态治理的基础设施的建设,推动乡村对水资源和耕地土壤质量的生态保护和治理,创造出优美的乡村生态环境。

北京市延庆区沈家营镇在美丽乡村振兴建设过程中,坚持以"用垃圾装点村庄"为理念,用村民家中废弃的瓷片、瓦块拼凑成各种宣传标语,展示在村落的大街小巷;村民中有人用空的易拉罐做成了漂亮的灯笼,悬挂在各家各户的大门口;也有人用村中废旧的轮胎做成花盆,再种上各种鲜花装饰乡间小路;还有人收集了村民用剩下的塑料瓶盖装饰自家的院墙。这些废旧材料得到了有效的二次利用,更重要的是这些装饰还美化了乡村的环境。

2008年汶川地震后,四川省的一些震后村庄需要进行新村重建。在乡村振兴建设过程中,村民的生态环保理念发生了改变,村民应用了现代化的生态技术实现了乡村布局的生态化。沼气的运用就是一个很成功的例子,把村民家中的厕所、喂养牲畜的牲畜棚、村民家里的沼气池都互相连接起来。沼气可以用来烧水、做饭,沼液、沼渣用作农民种庄稼的肥料。这样的生态布局,大大节省了村民每年生活所需的木材,降低了整个村庄中对森林资源的消耗,这不仅提高了乡村卫生质量,改善了乡村的生活环境,也提升了经济效益。

三、乡村振兴战略的创新途径

社会转型在推动乡村社会发生变迁的同时,亦使乡村社会管理机制实践的社会基础与组织基础都随之发生了变化。乡村振兴建设的创新,首先要从管理机制上创新,建立党政机关和农民共同进行管理的多元化乡村振兴建设管理机制,调动全社会的力量,积极形成美丽乡村振兴建设的新途径。

(一)夯实乡村振兴经济基础

在乡村振兴建设过程中,要加大发展乡村经济,才能稳定乡村的社会管理秩序,加快乡村产业经济的转型发展速度,才能稳固乡村经济基础。乡村各级党委政府要和农民一起谋求发展,充分利用本地区的特色优势,寻求适合本地区的产业发展模式,引导农民走产业规模化发展之路,积极调整产业结构,提倡农民自主产业化创业,政府应加大支持力度,引进新的资金、新的项目,形成工业反哺农业、城市反哺乡村的机制，在乡村振兴建设过程中强化科学技术的创新应用，解决乡村劳动力的就业问题，增加农民的收入，提高农民的生活水平，维护乡村社会的稳定发展，共同打造和谐的社会环境。

（二）加强思想道德建设

在乡村振兴建设过程中，要注重村民的思想道德建设，加强乡村法治教育建设，构建村民法治建设和思想道德建设的双重建设体系，迎合美丽乡村振兴建设的多元化结构，促进乡村文化的繁荣兴盛。邓小平指出，制度问题"更带有根本性、全局性、稳定性和长期性"。因此要深入开展乡村文明行动，注重加强幸福家庭建设和提高乡村邻里互帮互助意识，形成健康向上的积极的乡村精神风貌，同时要发扬中华民族的优秀传统文化，把文化建设贯穿到村民的生产生活中，形成良性发展的乡村文化。

（三）构建和谐的人居环境

乡村振兴建设要集中进行环境整治，针对农村化肥、农药的使用对环境的污染，农村垃圾的处置，农村的饮食安全和社会治安等突出问题，要因地制宜地提出治理方案，大力改善乡村的基础设施，推进乡村道路设施、电力设施、环境卫生一体化、村民住房等建设，加快完善乡村公共服务，持续改进乡村环境建设，建立和谐的乡村人居环境，打造优美的乡村生态环境，保护乡村良好的原生态环境。

（四）创新应用大数据

在乡村振兴建设过程中，要积极构建大数据信息网络，把乡村治理有关的各个主体、乡村的生产生活中的数据信息都反映到大数据的收集、分析中，使政府部门具有更强、更快的决策力、洞察力和应变处置方案和预案，及时快速地提高其应急反应能力，从而使其客观准确地了解村民的诉求，在乡村治理现代化的能力和水平方面得到提升，才能实现乡村治理能力的现代化和服务能力的精准化、个性化。

作为最新的信息化手段，大数据必将给乡村治理现代化带来新的变化。大数据在乡村治理现代化中的应用目前主要体现在以下几个方面：用大数据技术建设美丽乡村，乡村治理可以全面掌握和了解乡村发展动态、村民的情况和村民的意愿，为建立公开透明的乡村社会管理决策体系提供基础的依据，建设适合居住的现代化新农村。大数据对于提高农民收入、发展乡村经济具有革命性的意义。通过大数据随机抽查监督，可以促进社会治理和行政服务方式的创新和延伸，还可以用大数据建立乡村政务云平台。

第五节 农村第一、二、三产业融合的实现机制

一、增强横向融合的程度

相关部门可以通过对农业多功能性的开发推动农村第一、二、三产业融合发展，在充分利用农村现有资源的基础上，以观光、体验、度假等形式，满足人们对休闲农业和乡村旅游的日趋增大的需求，这些需求也会反过来进一步拓展农业的多功能性，推进农村不同生产要素之间的融合，从而促进更多的融合新模式的产生，带动农民收入的增长，同时让更多的"新农人"长期留在农村。通过对农业多功能性的挖掘，不断赋予农业多种角色和定位，为农业与其他产业的融合提供新思路，丰富和创新农村第一、二、三产业融合的模式。

二、强化对重点业态的支持

支持农民合作社及联社建立农产品直销店，支持农民合作社和农村集体经济组织开展农产品产地初加工服务。鼓励农民合作社及联社在城郊或重点城镇建设农产品直销店，这样既发挥了合作社的作用，做实合作社的模式，又架起了农户与市场对接的桥梁，让农户真正参与到农产品流通的环节中，分享到农产品流通增值收益，还有利于促进"一村一品"的发展，将土特产、优势农产品直接转换成商品优势。扶持发展农产品产地初加工和冷链仓储建设，是农业发达国家的普遍做法，在我国重点支持合作社、农村集体经济组织开展农产品产地初加工和冷链仓储，不仅有利于农户参与加工、流通，分享其增值收益，还有利于充分利用集体经济组织的闲置厂房、土地，增强集体经济实力。

三、始终把农民利益放在第一位

从国外发展现代化农业的经验来看，这些国家始终把农民的利益放在第一位，无论是在政策补贴方面，还是在促进农业与工商业的合作过程中都充分体现了这一点。中国未来在促进农业与第二、三产业融合的过程中，切忌忽略农民利益或以工商业为主，让农民处于产业链条末端的被动地位，要增强农民的话语权，通过立法等手段，确保农民的利益，以农民为中心展开产业融合，促进农民收入水平的提高。

四、充分发挥农业协会组织的作用

从国外的实践经验来看，相关的农业协会和农业合作组织在发展现代化农业的过程中均发挥着重要的作用，一方面在农产品的生产、加工、流通、销售、培训等环节发挥着积极作用，另一方面充当着农民保护人的角色，维护农民各方面的利益。中国未来要促进农业与第二、三产业的深化融合，也需要加强农村合作社等民间组织的力量，鼓励这些机构在农产品生产、加工、销售、技术培训等环节发挥积极作用，促进我国农村产业化的发展。

五、注重对农民的培训工作

经调查发现，无论是哪个国家，都十分注重对农民的培训工作。对于我国而言，要促进农业与第二、三产业的深度融合，关键是要培育新型的农业经营主体。作为新型的农业经营主体，不仅要懂得农业技术，还要具备跨界合作经营的能力，从而能够立足于农业，推动产业链条的延伸，有效促进农产品附加值的增加。这些新型的农业经营主体可以在我国广大的农村地区起到引领、示范的作用，带动我国农村地区三大产业的融合，提高农民的收入和话语权。

六、坚持发展环境友好型现代化农业

在发展现代化农业过程中应选取发展环境友好型现代化农业的道路，我国在发展现代化农业的进程中也早已意识到发展粗放型农业是不可持续的。未来我国在促进产业融合、发展农业六次产业化的进程中，要大力发展环境友好型农业。可以充分利用农村的各类资源，发展农业生态旅游、农村休闲旅游等综合型产业，在增加农产品附加值的同时，也注重环境的保护，实现环境友好型现代化农业。

七、政府营造发展环境

我国政府应该充分借鉴国外的经验，注重法律制度的建设，注重为农民及相关组织提供各类优质的服务，在农村地区进行基础设施建设，实行各种类型的农业补贴政策，确保农业产业融合的顺利开展。在促进农业与其他产业的融合过程中，我国需建立健全相关法律体系，在完善对农民的政策补贴、加大财政投入力度、加强农村基础设施等方面做好配套服务。同时，我国还可以选择一批试点项目，认定一批示范主体，推出一批经营产品，将现有农业产业化龙

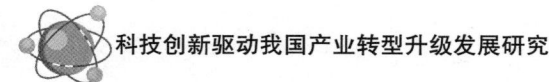

头企业认定、"一村一品"发展纳入第一、二、三产业融合发展的工作范围，将土地承包经营权入股合作社、企业试点纳入第一、二、三产业融合的试点范围，并统筹推进。

八、健全用地制度

土地这一重要生产要素如果不能集约配置，农村三大产业融合就会止步不前，所以，我们必须从以下三方面健全用地制度。

一是对农村产业融合发展项目建设用地给予倾斜。通过农村闲置宅基地整理、土地整治等手段新增的耕地和建设用地，要优先用于农村产业融合发展。

二是支持设施农业发展。要合理界定设施农用地范围，规范设施农用地使用，引导设施农用地建设合理选址，加强设施农用地的服务与监管。

三是支持和引导土地经营权有序流转。各级政府及有关部门要加强对农村土地流转和发展规模经营的正确引导和服务，进一步加大对有关法律、法规、政策等的宣传力度。培育土地流转服务中介组织，健全土地流转机制，健全农村社会保障制度，建立多层次的农村保障体系，逐步弱化土地的福利和社会保障功能，解除土地流出者的后顾之忧，为土地流转创造条件。

参考文献

[1]孙福良. 创意产业基础理论研究 [M]. 上海：学林出版社，2014.

[2]杨新华. 创新驱动发展战略的理论与实践路径 [M]. 长春：吉林人民出版社，2014.

[3]颜廷标，郭瑞东. 区域创新驱动发展路径研究 [M]. 石家庄：河北人民出版社，2015.

[4]曾显荣. 经济新常态下我国产业结构转型升级的就业效应研究 [M]. 成都：西南财经大学出版社，2015.

[5]刘树杰，宋立. 面向 2020 年的我国经济发展战略研究 [M]. 北京：中国计划出版社，2015.

[6]何宁卡. 加强国际合作，实现创新驱动与共赢发展：洋顾问思维旋风之十 [M]. 广州：中山大学出版社，2016.

[7]何刚，衡连伟. 创新型人力资本与产业结构转型升级 [M]. 合肥：中国科学技术大学出版社，2016.

[8]毛蕴诗. 中国企业：转型升级 [M]. 3 版. 广州：中山大学出版社，2016.

[9]刘晓辉. 中国民营经济转型升级路径研究 [M]. 石家庄：河北人民出版社，2016.

[10]万钢，马建堂. 国家科技创新政策读本 [M]. 北京：国家行政学院出版社，2016.

[11]程萍，陶春，程志波. 中国科技创新体制现代化 [M]. 北京：国家行政学院出版社，2017.

[12]黄明，胡舒予. 产业结构调整与金融支持研究 [M]. 成都：四川大学出版社，2018.

[13]岳瑞波. 我国产业经济学热点问题分析 [M]. 北京：中国商业出版社，2018.

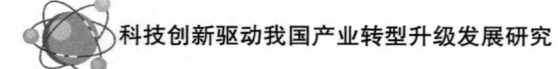

[14]李哲. 从"大胆吸收"到"创新驱动"：中国科技政策的演化 [M]. 北京：科学技术文献出版社，2017.

[15]王永平. 转型发展的路径选择 [M]. 广州：广东经济出版社，2017.

[16]杨震宇，史占中. 战略性新兴产业的发展绩效与路径研究 [M]. 上海：上海交通大学出版社，2017.

[17]陈一鸣，魏倩男，廖芝，等. 我国战略性新兴产业基地的培育机制研究 [M]. 北京：中国经济出版社，2017.

[18]程文. 中国企业创新与产业转型升级研究 [M]. 武汉：华中科技大学出版社，2018.

[19]张建华，张豪. 中国经济转型发展与动能转换 [M]. 武汉：华中科技大学出版社，2018.

[20]李凌. 创新驱动高质量发展 [M]. 上海：上海社会科学院出版社，2018.

[21]王婉. 科技创新与科技成果转化 [M]. 北京：中国经济出版社，2018.

[22]鲍宏礼. 产业经济学 [M]. 北京：中国经济出版社，2018.

[23]张建华. 中国工业结构转型升级的原理、路径与政策 [M]. 武汉：华中科技大学出版社，2018.

[24]牛建广，高春艳，索贵彬. 创新驱动河北省经济升级转型问题研究 [M]. 北京：冶金工业出版社，2019.

[25]王伊攀. 战略性新兴产业政府补贴：政策设计与企业反馈 [M]. 北京：中国经济出版社，2019.

[26]熊勇清，李世才. 战略性新兴产业与传统产业的良性互动发展：基于我国产业发展现状的分析与思考 [J]. 科技进步与对策，2011（5）：54-58.

[27]汪艳霞，钟书华. 孵化—加速对接：科技园区创新服务新趋势 [J]. 中国科技论坛，2014（11）：31-35.

[28]庄燕娜. 科技金融支持战略性新兴产业发展的创新思路与对策 [J]. 四川省干部函授学院学报，2017（3）：135-137.

[29]路红艳. 科技革命推动现代产业体系建设 [J]. 中国国情国力，2018（1）：29-32.

[30]王安琪. 科技创新助推文化产业转型升级的动力机制与战略路径 [J]. 青海社会科学，2019（3）：79-86.